GESEGNETE MAHLZEIT!

Abt Berthold Heigl OSB
Irmengard M. Hofmann

Gesegnete Mahlzeit!

Gutes und Gesundes aus der Klosterküche

Pichler Verlag

Inhaltsverzeichnis

Fleisch und Fisch 52

Vorwort

Kommt und kostet!«, »Riecht, schmeckt und esst!«, würde ich gerne jedem Besucher des Hofgartens im Benediktinerstift Seitenstetten zurufen. Zuerst der Weg in die Kirche, dann in den Hofgarten, den klösterlichen Barock-, Rosen-, Meditations- sowie Kräuter- und Gemüsegarten, schließlich in die Klosterküche. Das ist ein bewährtes Muster, das mein Mann und ich seit beinahe 15 Jahren bei unseren Besuchen im Benediktinerstift Seitenstetten pflegen. Dankbarkeit über Gottes Schöpfung, die Vielfalt der Kräuter und Gemüsesorten, die Schönheit der Blüten und Bäume, gerade hier im Mostviertel, die Verbindung von Himmel und Erde im »Vierkanter Gottes«, das erfüllt mit Dankbarkeit und Liebe.

Nicht umsonst sehen die Religionen Speisen als Zeichen des Lebens, das Gott gibt, und das Mahl als Liebesmahl, wo auch Lust und Liebe am Essen offenbar werden. Christen erleben die Gegenwart des Herrn beim Mahl, suchen IHN beim Essen gesegneter Speisen sich »einzuverleiben« und wissen um die Bedeutung der Mahl-Gemeinschaft. Darauf weist auch die kapellenartige Architektur mancher Refektorien hin.

Im Kloster prägt das Mahl neben geistiger und körperlicher Arbeit, Gebet und Gottesdienst den Tagesablauf und das gemeinsame Leben. Die Liturgie des Kirchenjahres bestimmt die Küche: Essen mit Genuss an Festen oder Verzicht und

Fasten in Zeiten der Besinnung und Buße. Theresa von Ávila soll ausgerufen haben: »Wenn Rebhuhn, dann Rebhuhn, wenn Buße, dann Buße!«

So verwundert es nicht, dass wir heutigen Menschen, denen oft das rechte Maß abhanden zu kommen scheint, uns wieder den Klöstern zuwenden, in Klöstern mitleben oder auftanken wollen, in Klostergärten dem Paradies etwas näher kommen, in Klosterküchen gute, einfache oder festliche Speisen genießen und durch ein Buch wie dieses Einblick in die himmlische Verbindung von Garten und Küche gewinnen und Klosterrezepte kennenlernen und nachkochen wollen.

Der heilige Benedikt fordert, dass »Gott in allem verherrlicht werde«, nicht nur im kirchlichen Gottesdienst oder in theologischen Werken, sondern auch in der Arbeit in Garten und Küche, in der Freude über Gottes Schöpfung und alle guten Gaben. Daher lade ich Sie ein zum Riechen, Schmecken, Kochen und Essen.

Gesegnete Mahlzeit!
Irmengard M. Hofmann

Gesegnete Mahlzeit!

Christliches Glauben und Lieben sind nichts Abstraktes, bloß Gedachtes oder nur Denkbares. Der Mensch kann Gott mit allen Möglichkeiten seiner Existenz begegnen. Der Psalmist des Ersten Testaments zum Beispiel mobilisiert schließlich auch den Seh- und Geschmackssinn des Menschen, um Gott zu erfahren, wenn er empfiehlt:

»Kostet und seht, wie gütig der Herr ist!« (Psalm 34,9)

Die Liebe zu Gott konkretisiert sich in der Liebe zum Mitmenschen und in der Achtung seiner Umwelt. »Alle Gäste«, so der Ordensgründer St. Benedikt im Kapitel 53,1 seines Regelbuches für die Mitbrüder, »sollen wie Christus aufgenommen werden; denn er wird einmal sagen: Ich war Gast, und Ihr habt mich aufgenommen.« Für den Umgang mit den Gästen fordert der heilige Benedikt, alle Kräfte des Menschen zu mobilisieren und beste Qualität anzubieten:

»Omnis ei exhibeatur humanitas.« (Regula Benedicti 53,9)

Zu dieser Betreuung auf höchstem Niveau gehört naturgemäß auch die tadellose Verköstigung der Gäste, die den Benediktinern ein wichtiges Anliegen ist. Die Produkte der Klosterküche stehen demnach am Ende einer Reihe, die mit der

Bearbeitung des Bodens in Feldern, Wiesen und Wäldern, in Gärten und Weidegebieten, mit der Pflege der Fischteiche und Bienenstöcke sowie mit der Betreuung der Haustiere eine Folge geistes- und naturwissenschaftlicher Arbeit und ehrfürchtigen Umgangs mit Gottes Schöpfung ist.
Gerade vor diesem Hintergrund geistiger und körperlicher Arbeit und gläubiger Gesinnung hat sich auch unsere Klosterküche entwickelt. Die Rezepte orientieren sich am jahreszeitlichen Angebot der Natur und am vernünftigen Maßhalten im Essen und Trinken gemäß den Weisungen Benedikts in den Kapiteln 39 und 40 seines Regelbuches. Mögen die folgenden kulinarischen Angebote Ihre Lebensqualität bereichern.

Herr Jesus Christus, jeden Tag beschenkst du uns mit deinen Gaben.
All dein Wohlwollen an uns hat seinen Grund in der Großmut deines Herzens,
das immer für uns geöffnet bleibt, jetzt und in Ewigkeit.
Amen.
(Aus dem täglichen Tischgebet der Seitenstettner Mönche)

Mit diesem Gebet wünsche ich »Wohl zu speisen!« und eine gesegnete Mahlzeit!

Abt Mag. Berthold Heigl OSB

Im Stiftsgarten

Schätze aus dem Stiftsarchiv

Was dieses Buch nicht nur als Koch-, sondern auch als Lesebuch so interessant und besonders macht, sind die Schätze aus dem Stiftsarchiv. Diese Quellen ermöglichen einen kulinarischen Spaziergang durch die Jahrhunderte. So verbanden die ersten Bücher Heilkunst und Kochkunst, waren im 1. Teil Arznei- und im 2. Teil Kochbuch, wie das unten zitierte *Koch Buech von 1640*. Die Beschreibung der heilenden und stärkenden Wirkung der landwirtschaftlichen oder gärtnerischen Produkte verband sich mit der Anweisung für die entsprechende Zubereitung in diesen Büchern sehr alter Tradition. Dies kennt der interessierte Leser auch von Hildegard von Bingen.

Eine ganz besondere Rarität im Stiftsarchiv ist das *Koch Buech von 1640*, aus dem Dr. P. Benedikt Wagner eine Auswahl von Rezepten gelesen und buchstabengetreu abgeschrieben hat:

Koch Buech, De Anno 1640 ten

Aus diesem Buch geht nicht nur die vielfältige Küchenkultur des Stiftes im 17. Jahrhundert hervor, es zeigt über die Zutaten für die Rezepte auch auf, was die Wirtschaftsbereiche des Stiftes wie Feld, Wald und Garten an Produkten hervorgebracht

haben und lässt Rückschlüsse auf Flora und Fauna in dieser Zeit zu. Die Verwendung von Muskatblüte, Zimtstaub und Weinbeeren beweist, dass diese als Handelswaren in die Küche Eingang gefunden haben.
Das mit allerlei »Kreitlwerch«, also Kräuterwerk, namentlich Rosmarin, Majoran, Petersilie, gefüllte Spanferkel belegt die Verwendung von Kräutern aus dem Garten ebenso, wie die Weichsel- oder Apfelknödel den Bezug zum Obstgarten herstellen. Interessant ist das Weiterleben der Rezepte in der Stiftsküche, das sich bei der Verfolgung der Rezepte über Jahrhunderte nachweisen lässt: »Die schwarzen Fisch mach also« findet man genauso wie das »Wespennest zu machen« 220 Jahre später in den selbstgeschriebenen Büchern der Köchinnen des 19. Jahrhunderts wieder. Diese Köchinnen traten meist als Lehrmädchen in den Dienst der Stiftsküche ein und waren bemüht, von den Köchinnen möglichst viel zu lernen, abzuschauen, und festzuhalten. So entstanden Kochbücher und Kochhefte, die heute als wichtige Quellen darüber Auskunft geben, was in der Stiftsküche über das Jahr gekocht und zu besonderen Anlässen aufgetragen wurde.
Die Aufzeichnungen waren natürlich als persönliche Gedächtnisstütze für die Köchin gedacht, nicht als Kochbuch für die Öffentlichkeit. So werden für die Köchin selbstverständliche Handgriffe oder Arbeitsschritte nicht eigens erwähnt. Auch die Reihenfolge ist nicht immer logisch geschildert. Die Original-Rezepte sind daher für heutige Kochanfänger ohne Erfahrung nicht einfach nachzuvollziehen, und daher wurde bei Bedarf eine »Übersetzung« bzw. Anpassung geschrieben. Sicher empfinden wir heute auch die Schreibweise der damaligen Zeit interessant, als es noch keine allgemein gültige, geregelte Rechtschreibung gab. Manche Begriffe findet man im gleichen Rezept in unterschiedlicher Schreibweise.

Codex 18 Z 25: Kochbuch für Leopoldine Windsberger geschr. Stift Seitenstetten 1/12 (1)859
Leopoldine Windsberger nahm ihren Dienst in der Stiftsküche am 1. Dezember 1859 auf und lernte bei Josefine Oberleitner das Kochen. Sie schrieb die erlernten Rezepte in ein Büchlein mit marmoriertem Pappeinband und verfasste dazu ein umfangreiches Inhaltsverzeichnis.

Aus dem Taufbuch Nr. C der Pfarre Seitenstetten, fol.163, geht die Abstammung der Stiftsköchin hervor:
1842 Den 25. Oktober geboren und getauft Leopoldina: Vater Josef Windsberger,

Chyrurg allhier; Mutter: Franziska, Tochter des + Leopold Henöckl, Müllermeisters zu Opponitz; Geburtshaus Seitenstetten Markt Nr. 35 (heute Marktplatz 2)

Codex 18 Z 26: Kochbuch der Rosina Berger

Das von Rosina Berger geschriebene Kochbuch ist mit 1860 auf der Titelseite datiert, enthält ebenfalls ein Inhaltsverzeichnis und sorgfältige Markierungen für einige Gerichte, die einerseits als »besonders gut«, andererseits als »an kirchlichen Festtagen zu geben« gedeutet werden können.

Rosina Berger, Frau des Markt-Schuldirektors und Stiftsorganisten, war Mutter zweier Patres und des Stiftsarztes Dr. Berger und hatte so sehr enge Beziehungen zum Stift. Ihr Kochbuch kann über ihre Söhne, die Patres, ans Stift gelangt sein. Zu Stiftsarzt Dr. Berger ist noch Folgendes anzumerken: Vor dem 1. Weltkrieg gab es viele Fleischgänge bei Festtafeln und Dr. Berger sah darin eine Ursache für die Häufung von Schlaganfällen im Stift. Durch seine Intervention wird seither bis heute am Montag, Mittwoch und Freitag im Stift fleischlos gegessen.

Codex 18 Z 29: Im Jahre 1928 von Rosa Fraunbaum als Kochlehrmädchen geschrieben

Codex 18 Z 30: Fraunbaum Rosa: Kochbuch für Suppen und Fleischspeisen aus meinem Lehrjahr in der Seitenstettener Küche, 2. Jänner bis 30.10.1928

Codex 18 Z 31: Kochheft Rosa Schmutz (vor der Verehelichung Rosa Fraunbaum)

Von Mitte des 19. Jahrhunderts bis zum 2. Weltkrieg ist die Ausbildung von Lehrmädchen in der Stiftsküche laufend nachgewiesen. Eines dieser Lehrmädchen, das während ihrer Lehrjahre eifrig Rezepte aufgeschrieben hat, ist Rosa Fraunbaum, die auch als verheiratete Frau Schmutz wohl weiter als Stiftsköchin tätig war. Die von ihr geschriebenen drei Kochhefte bieten Einblick in die Küchentradition des Stiftes im vergangenen Jahrhundert.

Rosa Schmutz, verehelichte Fraunbaum, beginnt ihre Aufzeichnungen im Kochheft (Codex 18 Z 31) mit der Überschrift: »Kochbuch mit weiteren Seitenstettner Rezepten« und beschreibt als Besonderheit auf der ersten Seite dieses Heftes die »Seitenstettener Torte«. Offensichtlich war Rosa Fraunbaum/Schmutz eine begeisterte Bäckerin, denn auch die »Panama Torte« stammt von ihr.

Codex 18 Z 27: Kochbuch für Hermine Grasemann 1873

Im Stiftsarchiv befindet sich aus dem Jahre 1873 ein »Kochbuch für Hermine Grasemann aus Jahre 1873« (Codex 18 Z 27). Dieses Kochbuch enthält einen Anhang mit Speisefolgen an besonderen Tagen dieses Jahres. Ein Beispiel ist die »Wahl

Tafel den 8 Mai, Mittag«. Allein schon aus diesem Titel ergibt sich, dass dieses Kochbuch in der Stiftsküche Seitenstetten geschrieben worden ist. Der damalige Abt Dominik Hönigl war nämlich am 9. Mai 1868 zum Vorsteher des Stiftes gewählt worden. Der 9. Mai fiel im Jahr 1873 auf einen Freitag. Das schien für eine Festtafel nicht der geeignete Wochentag zu sein, darum verlegte man die Festfeier des Wahltages auf den Vortag, den 8. Mai. Die Festtafel umfasste nämlich nicht weniger als 11 Gänge, wobei nur die Speisengänge, nicht die Getränke verzeichnet sind.

1 Suppe mit Mehlwandl grün und gelb ganirdt
2 Schinken und Zungen ganirt mit Sardelenbutter
3 Gebakene Hüner mit Spenad und roten Butter
4 Rindfleisch ganirt mit Margroninudel und rothen Reis und Sardelnsos
5 Wieldbret mit Butterkrapfen
6 Schnenoken(?) mit Schattoübergus
7 Punsch und Wein Sulz
8 Kapana mit Salat und Pomeranzen
9 Gefrorenes Wanilie
10 Gerührte Muskazin Torte und Bäkerei
11 Kaffe

Noch etwas üppiger war die »Namenstag Tafel den 6(?) August« (Der Tag ist korrigiert und nicht sicher lesbar). Das Fest des heiligen Dominikus, des Namenspatrones des Abtes, wurde damals kirchlich am 4. August gefeiert.

1 Suppe mit Lebereis
2 Gesulzte Forelen
3 Rindfleisch ganirt mit Erdäpfeln Kafiohl, Faschirte Würstel, Risolikrapfen, kalte Sardeln sos und Gurkensos
4 Hüner nach Fasanart mit Kraut
5 Krebsen
6 Wildtbret mit Erdäpfel Kipferl und Weinsos
7 Fla(?)mäschkoch (?)

8 Enten mit 2 Salat
9 Riebiesel und Pamaranzensulz
10 Pomaranzen Torte
11 Bäkereien
12 Kleine Bäkereien
13 Obst
14 Kaffe

Nicht ganz uninteressant ist der Vergleich mit den gleichen Festtafeln im Jahre 1759:
Damals war Dominikus Gussmann Abt. Sein Wahltag fiel in diesem Jahr auf einen Freitag, daher gab es bei der Festtafel keine Fleischspeisen. Trotzdem brauchte niemand zu hungern, denn es wurde folgendes geboten:

1 Bach stettn (Pasteten)
2 Dortn
3 Karpfn
4 Forelln
5 Hechtn
6 Barm (Barben)
7 Kochn Spargl (gekochten Spargel)
8 Schneckn
9 Krebsn

In diesem Küchenbuch ist freilich auch die Speisenfolge des Abendessens an diesem Wahltag verzeichnet:

Nachts:
Bachnes (Gebackenes), Dortn, kleine Fischl, Karpfn

Namenstagstafel:

Der Namenstag des Abtes Dominikus wurde auch damals am 4. August gefeiert. Es war ein Samstag und damals galt auch am Samstag, wie am Freitag Abstinenz, Enthaltung von Fleischspeisen. Die Speisenfolge sah daher folgendermaßen aus:

1 Barm (Barben)
2 Saibling
3 Karpfn
4 Krebsn
5 Russn
6 Forelln
7 Bachnes (Gebackenes)

Natürlich gab es auch in früheren Zeiten nicht bloß Festtafeln. Sogar am Faschingssonntag 1873 »begnügte« man sich mit folgenden sechs Gängen zu Mittag:

1 Hirnwandl in der Suppe
2 Rindfleisch mit Margroni Nudl und roten Reis Zwieback Sos (?) und Eiersoss
3 Gebakenes Lämernes mit gelber Rübensos
4 Krapfen
5 Kabauner mit sauren Zeller und Pomeranzen (Kapaunen mit saurer Sellerie und Orangen)
6 Kaffee und Brodtorte

Das Sommerrefektorium

Das Herrenlaibl – eine jahrhundertealte Klostertradition

Der heilige Benedikt gibt im 39. Kapitel seiner Regel auch Anweisungen über die täglichen Mahlzeiten. Dabei verfügt er, dass ein gut bemessenes Pfund Brot für den Tag reichen soll und zwar gleichgültig, ob an dem Tag nur eine Mahlzeit gehalten werde, oder ein Mittag- und ein Abendessen. Wenn es aber auch ein Abendessen gibt, dann soll der Cellerar (Wirtschaftspater) von dem Pfund Brot ein Drittel für das Abendessen aufbewahren. Zum Verständnis dieser Anweisung ist zu bedenken, dass der heilige Benedikt kein Frühstück vorgesehen hat, sondern an Fasttagen nur eine einzige Mahlzeit am Nachmittag, in der vierzigtägigen Fastenzeit vor Ostern gar erst am Abend. An den übrigen Tagen des Jahres sah der heilige Benedikt zwei Mahlzeiten vor, eine zu Mittag, eine am Abend.

Das gut gewogene Pfund Brot sollte aber auf jeden Fall, also auch an Fasttagen gereicht werden (die Mönche sollten also auch an Fasttagen nicht zu hungern brauchen). Wenn es aber zwei Mahlzeiten gab, dann sollten von dem Pfund Brot zwei Drittel zu Mittag und ein Drittel am Abend gereicht werden (zwei Drittel zu Mittag, weil zwischen der Abendmahlzeit und dem folgenden Mittagessen eine sehr lange Zeit verstrichen ist, und daher zu Mittag ein erhöhter Sättigungsbedarf bestand).

Eine Erinnerung an diese Anweisung der Regel des heiligen Benedikt (6. Jh.) hat sich in Seitenstetten bis in die Zeit nach dem Zweiten Weltkrieg erhalten. Jedes Mitglied des Konventes hatte nämlich sowohl beim Mittagessen, als auch beim Abendessen bei seinem Gedeck ein halbes rundes Schwarzbrotlaibchen. Dieses Schwarzbrotlaibchen wurde von der Stiftsbäckerei gebacken und auch an Bewohner des Marktes verkauft. Diese nannten es »Herrnlaibl«. Der Ausdruck kommt nicht etwa daher, dass die Leute die Seitenstettner Benediktiner mit den Chorherren verwechselt hätten, sondern er ist eine Erinnerung an die Zeit, da der Markt der Stiftsherrschaft unterstand. Die Mitglieder des Stiftskapitels (der beschlussfassenden Gemeinschaft der Mönche) wurden daher von den Leuten als Herren bezeichnet.

Der älteste Nachweis für dieses Seitenstettner Herrnlaibl findet sich in einer Urkunde des Stiftsarchivs Seitenstetten vom 9. März 1550 (Urkunde Nr. 110/16. Jh.). In dieser Urkunde sichern der Abt und das Stiftskapitel einer gewissen Anna Stadler, einer hochbetagten Witwe, auf Lebenszeit freie Herberge im Markt und den Lebensunterhalt zu. Dieser Lebensunterhalt sollte täglich zu jeder Mahlzeit zwei Gerichte und außerdem jeden Tag »zwai Herrn-Laibl Brot« und täglich ein »Trittail Wein« umfassen. Schon damals dürfte das Herrnlaibl nicht ein volles Pfund gewogen haben, sondern vielleicht nur die Hälfte oder noch weniger, also ungefähr so groß gewesen sein, wie noch in der Zeit nach dem Zweiten Weltkrieg. Wir haben hier einen Beleg dafür, dass sich eine Tradition praktisch unverändert über Jahrhunderte hinweg in einem Kloster erhalten hat.

Herren-Laibchen

1 kg Roggenmehl
300 g Weizenmehl Typ 1600
Kümmel
gemahlenes Brotgewürz
2 TL Salz
250 ml Sauerteig
1 P. Germ (40 g Hefe)
ca. 600 ml lauwarmes Wasser

Roggen- und Weizenmehl sieben, mit Kümmel, Brotgewürz und Salz mischen und in die Rührschüssel geben. Germ fein darüber zerbröseln, Sauerteig zufügen und mit lauwarmem Wasser nach Bedarf zu einem glatten, elastischen Teig verkneten. Teig zugedeckt an einem warmen, zugfreien Ort gut gehen lassen.
Ofen auf 220 °C vorheizen.
Gegangenen Teig nochmals durchkneten, dann davon kleine Stücke zu 150 Gramm herauswiegen und zu rundlichen Laiben formen. Laibchen dann auf ein gefettetes Backblech setzen, nochmals zugedeckt gehen lassen, bis sich das Volumen deutlich erhöht hat. Schließlich mit lauwarmem Wasser bestreichen und bei 200 °C etwa 35 Minuten knusprig backen. Die Brote sind gar, wenn sie beim Klopfen auf die Unterseite hohl klingen.

Die Herren-Laibchen wurden von der Stiftsbäckerei bis vor 20 Jahren täglich für die geistlichen Herren gebacken. Diese Rezeptur der Stiftsbäckerei wurde überliefert durch Anna Bauer, die das Rezept schon vom Vorgänger in der Bäckerei übernommen hat. Frau Bauer erinnert sich noch daran, dass jeder der Herren im Stift täglich ein Laibchen erhielt. Hatten die Herren keinen Bedarf, weil sie auswärts tätig waren, schenkten sie ihr Laibchen schon einmal den Ministranten, die sich natürlich sehr darüber freuten.

Stillleben mit Petersilie
und Kupfergeschirr
E. K. Lautter; 1. H. 18. Jh.

ERDÄPFEL

Erdäpfelknödel mit Weichseln

800 g mehligkochende Erdäpfel
etwa 100 g Mehl
30 g Grieß
1 Prise Salz
1 Ei
30 g zerlassene, abgekühlte Butter
300 g entsteinte Weichseln
Butter-Brösel zum Wälzen

Erdäpfel kochen, schälen, heiß durch die Presse drücken. Etwas abkühlen lassen, dann auf der Arbeitsfläche mit Mehl, Grieß, Salz, Ei und Butter zu einem glatten Teig verkneten.
Teig zu einer Rolle formen, Scheiben abschneiden und jeweils einige entsteinte Weichseln in die Mitte geben und in den Teig einhüllen. Die kleinen Knödel in kochendes Salzwasser einlegen und etwa 5 Minuten in leise ziehendem Wasser garen. Knödel abtropfen lassen und in Bröseln wälzen. Sofort servieren. Die Erdäpfelknödel schmecken besonders gut auf Weichselröster.

Statt Weichseln können auch Kirschen oder Zwetschken als Fülle und für einen Röster verwendet werden. Sind die Knödel süßer gewünscht, können Würfelzuckerstücke zu den Früchten gegeben werden. Statt mit Bröseln können die Knödel auch mit einer Mohn-Zucker-Mischung oder mit Zimt-Zucker bestreut werden.

Erdäpfel-Paprika-Gulasch

800 g Erdäpfel
2 Zwiebeln, fein gewürfelt
etwas Pflanzenöl
1 Knoblauchzehe, fein gehackt
je 1 rote, grüne, gelbe Paprikaschote
3 EL Tomatenmark
Salz, Pfeffer
Paprikapulver
2 EL Majoran oder Oregano, frisch gehackt
1 EL frische Thymianblättchen
etwa 3/4 l Brühe
2 EL Sauerrahm
frische Kräuter zum Garnieren nach Belieben

Erdäpfel waschen, schälen, in nicht zu große Würfel schneiden. Paprikaschoten waschen, putzen, Kerne entfernen, in Würfel schneiden.
Zwiebelwürfel in heißem Öl hell anbraten, Knoblauch und Paprikawürfel dazugeben und anrösten. Erdäpfelwürfel dazugeben, Tomatenmark zufügen, mit Salz, Pfeffer, Paprikapulver und Kräutern würzen. Mit Brühe aufgießen und bei schwacher Hitze gar köcheln lassen.
Vor dem Servieren nochmals abschmecken, mit Sauerrahm etwas binden und mit frischen Kräutern bestreut servieren.

Erdäpfel-Laiberl mit Salbei

800 g mehligkochende Erdäpfel
100 g Mehl, nach Bedarf
1 Ei
Salz, Pfeffer
etwas geriebene Muskatnuss
6 Salbeizweige
3 Zweige Thymian
1 Knoblauchzehe
Olivenöl oder Butterschmalz, je nach Geschmack, zum Backen

Erdäpfel waschen und in der Schale garen. Dann schälen, heiß durch die Erdäpfelpresse drücken, abdampfen und auf der Arbeitsfläche auskühlen lassen. Salbeiblätter waschen, trockenschütteln, die Blätter in Streifen schneiden.

Etwas Mehl, Salz, Pfeffer, Muskatnuss über die durchgepressten Erdäpfel geben, das verquirlte Ei und die Salbeistreifen untermengen und alles rasch zu einem Teig verarbeiten. Nur wenig Mehl nach Bedarf zugeben. Mit bemehlten Händen eine dicke Rolle aus dem Erdäpfelteig formen und knapp 2 cm dicke Scheiben abschneiden.

Zum Aromatisieren des Bratfettes, gewaschene und trockengeschüttelte Thymianzweige sowie die geschälte ganze Knoblauchzehe in das Bratfett geben. Laiberl etwas nachformen und im heißen Fett auf beiden Seiten bei mäßiger Hitze goldgelb und knusprig backen.

Die Erdäpfellaiberl eignen sich gut als Beilage zu Braten, Gemüsen und Salaten, auch zur Kräutersoße!

Erdäpfel-Schnecken

1 kg mehligkochende Erdäpfel, frisch gedämpft
Salz, weißer Pfeffer aus der Mühle
etwas frisch gemahlene Muskatnuss
1 Ei
ca. 150 g Mehl
5 mittelgroße Zwiebeln, fein gewürfelt
100 g Schinken oder Räucherspeck, fein gewürfelt
Salz, Pfeffer
gemahlener Kümmel nach Geschmack
200 ml Sauerrahm
1 Ei zum Bestreichen
Fett für die Form
100 g geriebener Käse zum Bestreuen

Die frisch gekochten Erdäpfel schälen, heiß durchpressen und auf der Arbeitsfläche etwas abkühlen lassen. Mit Salz, Pfeffer, Muskatnuss, Ei und Mehl nach Bedarf zu einem glatten Teig verarbeiten.

Zwiebelwürfel in einer großen Pfanne hellgelb anbraten, Schinken- oder Speckwürfel dazugeben und etwas mitrösten. Mit wenig Salz (Schinken und Speck sind bereits gut salzig), Pfeffer und Kümmel würzen.

Erdäpfelteig in zwei Portionen teilen, zu Rechtecken ausrollen, mit etwas Sauerrahm bestreichen und die Zwiebelmischung darauf verteilen. An den Längsseiten

aufrollen, die Rollen in ca. 2 cm dicke Scheiben schneiden und diese Schnecken mit der Schnittfläche nach oben in eine gut gefettete Reine setzen.

Im vorgeheizten Ofen bei 175 °C etwa 35 Minuten goldgelb backen. 10 Minuten vor Ende der Backzeit den restlichen Sauerrahm mit dem Ei verquirlen und die Schnecken damit bestreichen. Geriebenen Käse darüberstreuen und darauf achten, dass die Schnecken nicht zu dunkel backen. Gegebenenfalls mit Backpapier abdecken.

Die Schnecken schmecken zu Wein, Bier oder Salat.

Erdäpfelnudeln mit Käse und Kräutern

1 kg mehlige Erdäpfel, frisch gedämpft
ca. 100–150 g Mehl
Salz
weißer Pfeffer aus der Mühle
etwas frisch geriebene Muskatnuss
1–2 Eier
Butterschmalz oder Öl zum Backen
etwas geriebenen Bergkäse oder Parmesan zum Bestreuen
frische Kräuter nach Belieben

Frisch gedämpfte Erdäpfel schälen, heiß durchpressen und auf der Arbeitsfläche etwas abkühlen lassen. Mehl nach Bedarf, Salz, Pfeffer, Muskatnuss und Eier zur Erdäpfelmasse geben und alles rasch zu einem glatten Teig verkneten.

Teig in Portionen teilen, diese mit bemehlten Händen zu fingerdicken Rollen formen und ca. 4 cm lange Stücke abschneiden. Die Erdäpfelnudeln in heißem Öl oder Butterschmalz in der Pfanne backen oder in eine gut gefettete Reine legen und im vorgeheizten Rohr bei 180 °C etwa 20 Minuten braten. Mehrmals rütteln oder mit dem Pfannenwender wenden, damit sie nicht am Boden kleben und von allen Seiten knusprig hellgelb backen.

Erdäpfelnudeln nach Belieben kurz vor Ende der Garzeit mit geriebenem Käse gut bestreuen und diesen noch etwas zerlaufen lassen. Nach Geschmack mit klein gehackten frischen Kräutern bestreuen.

Die Erdäpfelnudeln eignen sich gut als Beilage zu Fleischspeisen, sind aber auch mit Salat oder Gemüse ein eigenständiges Hauptgericht.

Erdäpfeltorte

300 g Erdäpfel
4 Eier, getrennt
175 g Zucker
1 P. Vanillezucker
1 Prise Salz
50 g zerlassene, abgekühlte Butter
etwas abgeriebene Zitronenschale
200 g fein gehackte oder gemahlene Walnüsse
50 g Grieß
1 TL Backpulver
150 Ribisel-Gelee (oder Weichsel- oder Zwetschkenmarmelade)
200 ml Obers
1 P. Vanillezucker
200 g Rohmarzipan
50 g Staubzucker
150 g Zartbitter-Kuvertüre
Walnusshälften oder Marzipan-Kartoffeln zum Verzieren

Erdäpfel waschen, kochen, schälen und noch heiß durch die Presse drücken. Danach etwas abkühlen lassen.
Eier trennen, Eiweiß mit einer Prise Salz zu steifem Schnee schlagen. Eigelb mit Zucker, Vanillezucker und Butter zu einer Schaummasse rühren, Zitronenschale zugeben. Die durchgepressten Erdäpfel, die Nüsse und den mit Backpulver vermischten Grieß zur Schaummasse geben. Eischnee unterheben, Teig in eine gut gefettete, bemehlte Tortenform geben und bei Ober- und Unterhitze bei 175 °C etwa 50 Minuten backen. Garprobe mit einem Hölzchen machen! Torte nach dem

Auskühlen einmal waagrecht durchschneiden. Obers mit Vanillezucker steif schlagen. Den unteren Boden mit Schlagobers bestreichen, dann die obere Tortenhälfte daraufsetzen. Oberfläche und Rand dünn mit Gelee oder Marmelade bestreichen. Marzipanrohmasse auf reichlich Staubzucker so dünn ausrollen, dass die Platte ganz über die gefüllte Torte, einschließlich des Randes, gestülpt werden kann. Die Marzipanhülle leicht andrücken, Rand nachformen, dann mit der im Wasserbad zerlassenen Kuvertüre bestreichen. Nach Belieben mit Walnusskernen oder Marzipankartoffeln verzieren.

Gefüllte Erdäpfeltascherl

1 kg mehligkochende Erdäpfel
etwa 150 g Mehl
1–2 Eier
Salz
weißer Pfeffer
gemahlene Muskatnuss
Fülle:
150 g Käse (nach Belieben Frischkäse oder Emmentaler, Schaf- oder Ziegenkäse, fein gewürfelt)
100 g Schinken, fein gewürfelt
4 EL Sauerrahm
klein geschnittene, frische Kräuter nach Belieben
Pflanzenöl oder Butterschmalz zum Ausbacken

Erdäpfel kochen, schälen, heiß durchpressen und auf der Arbeitsfläche etwas abkühlen lassen. Mehl nach Bedarf, ein oder zwei Eier, je nach Größe, Salz, Pfeffer und Muskatnuss zur Erdäpfelmasse geben und alles rasch zu einem glatten Teig verkneten.

Teig halbieren, jede Hälfte zu einem Rechteck ausrollen, in jeweils 4–6 Teile schneiden. Falls Weich- oder Hartkäse verwendet werden, die Teigflächen mit etwas Sauerrahm bestreichen, dann fein gewürfelten Käse und Schinken darauf verteilen.

Ränder freilassen. Bei der Frischkäse-Füllung wird kein Sauerrahm benötigt. Nach Belieben Kräuter über die Füllung streuen. Da Schinken und Käse bereits salzig sind, erübrigt sich weiteres Salzen. Die Teigstücke zu Taschen zusammenklappen, Ränder etwas andrücken, und die Tascherl sofort im heißen Fett auf beiden Seiten goldgelb backen.

Bei Verzicht auf Schinken können die Erdäpfeltascherl für Vegetarier oder für Fasttage gut nur mit Käse und Kräutern zubereitet werden.

Gratinierte Kräutererdäpfel

800 g festkochende, mittelgroße Erdäpfel
200 ml Obers
Salz
weißer Pfeffer aus der Mühle
einige Zweiglein Thymian oder Zitronenthymian
1–2 Zweige Rosmarin
oder nach Geschmack Oregano, Petersilie, Pimpinelle, Kerbel, Knoblauch, Schnittlauch, Dill, Estragon

Erdäpfel waschen, schälen, der Länge nach halbieren, auf die Schnittfläche setzen und mit einem Messer an der Oberfläche quer einritzen. Erdäpfel nebeneinander in eine feuerfeste Form oder Reine geben, salzen, pfeffern und mit den klein geschnittenen Kräutern bestreuen. Obers darübergießen und die Erdäpfel im vorgeheizten Ofen etwa 35 Minuten bei 180 °C garen.

Kräuter-Erdäpfelsalat

1 kg festkochende Erdäpfel
1 kleine Zwiebel
3 EL Öl
3 EL Essig
1 EL Obers
1 EL Sauerrahm
Wasser nach Bedarf
2 TL scharfer Senf
Salz, Pfeffer
1 Prise Zucker
2 EL klein geschnittener Schnittlauch
1 EL klein geschnittener Dill
oder
1 EL klein geschnittener Estragon
oder andere Kräuter nach Belieben

Erdäpfel kochen oder dämpfen, noch heiß abziehen, abkühlen lassen, dann in dünne Scheiben schneiden. Zwiebel klein würfeln.

Für die Salatsoße Öl, Essig, Obers, Sauerrahm und Wasser gut verrühren, mit Senf, Salz, Pfeffer und Zucker gut pikant abschmecken. Die klein geschnittenen Kräuter untermengen.

Erdäpfelscheiben mit den Zwiebelwürfeln in eine Schüssel geben und die Salatsoße darübergießen. Vorsichtig durchmischen und zugedeckt mindestens 30 Minuten ziehen lassen.

Mit Kräutern garniert servieren.

Rahmerdäpfel mit Kräutern

800 g festkochende Erdäpfel
Salz, Pfeffer
frische Kräuter nach Belieben
½ Becher Sauerrahm
½ Becher Obers

Erdäpfel waschen, schälen, vierteln und in Salzwasser garen oder mit der Schale kochen und häuten. Die etwas abgekühlten Erdäpfel in nicht zu dünne Scheiben schneiden. Kräuter waschen, trockenschütteln und fein schneiden.

Sauerrahm und Obers in einem Topf verrühren und erhitzen. Die noch warmen Erdäpfelscheiben in die Rahmmischung geben, nach Geschmack salzen und pfeffern, nochmals etwas ziehen lassen, nicht aufkochen. Kräuter dazugeben und vorsichtig untermengen.

Die Rahmerdäpfel eignen sich sehr gut als Beilage zum gebackenen Kräuter-Schweinskotelett.

Stillleben Austern, Zitronen, Rosen und Trauben
Jakob van Es (1596–1666) sign.

ERDÄPFEL HISTORISCH

400 Jahre Erdäpfelsalat

Erster Erdäpfelanbau im Stift Seitenstetten

Im Klostergarten von Seitenstetten wurden bereits 1621 Erdäpfel als Nutzpflanzen gezogen. Hier verflechten sich Wissenschaft und kulinarische Kultur: Der Nachweis dafür findet sich in einer lateinischen Beschreibung der zweiten Reise des Christoph Kolumbus nach Amerika im Jahre 1493, der *Nova typis transacta navigatio.*

Der Stiftsarchivar, Pater Benedikt Wagner, erläutert: »Das Werk erschien laut Angabe auf dem Titelblatt 1621. Der Verfasser nennt sich Honorius Philoponus und gibt sich als Benediktiner von Seitenstetten zu erkennen. Wahrscheinlich ist es niemand anderer als der damalige Abt von Seitenstetten namens Kaspar Plautz (1610–1627). Das Buch befasst sich nicht nur mit der angegebenen Reise, sondern enthält auch viel Interessantes über Land und Leute in der Neuen Welt. Es ist mit Kupferstichen des Augsburgers Wolf Kilian illustriert. Zwei dieser Stiche stellen Pflanzen in Amerika dar, die in Europa nicht einheimisch waren.«

Der Kupferstich der Tafel 9 (siehe Seite 48/49) stellt »unter dem Namen Papas Indorum eindeutig eine Kartoffelpflanze samt Wurzelstock und dazu noch im Detail Knolle, Früchte, Samen und Blüten dieser Pflanze dar.« Auf S. 53, gerade gegenüber der Tafel 9, weiß der Verfasser zu berichten, dass sich die Inselbewohner aus sehr guten, wohlschmeckenden und essbaren Wurzeln Brot und Trunk bereiteten. An erster Stelle nennt er die Bananas oder Ananas, die ebenfalls auf Tafel 9 zu sehen sind. Dann geht er noch viel ausführlicher auf die Papas ein. Eine Menge davon habe der Abt von Seitenstetten, also Kaspar Plautz, durch einen belgischen Gärtner aus Antwerpen erhalten und im Klostergarten von Seitenstetten angesetzt. Darauf beschreibt der Verfasser die Kartoffelpflanze und geht schließlich auch auf ihre Knollen ein. Hier fügt er nun folgende zwei Rezepte an:

»Diese Knollen dienen zu einer sehr köstlichen Speise, wenn du sie auf folgende Weise zubereitest:

Siede diese Rapas oder Papas in gewöhnlichem Wasser oder wickle sie in Papier und brate sie in Asche, bis sie weich werden; dann ziehe ihre rote Haut ab. Wasche es dann rein; dann erhältst du ein sehr weißes Fleisch. Zerstoße es dann und mische etwas Zucker und Rosenwasser sowie Zimtgewürz bei. Füge noch Butter hinzu, backe es, und wenn du es in Mehl einschließest, dann hast du einen Kuchen oder ein Bescheidessen von königlichem Geschmack.«

Unklar ist an diesem Rezept nur der Ausdruck: *si farinae incluseris* = »Wenn du es in Mehl einschließest« und das Wort *torta*, auf das unser Wort Torte zurückgeht. Damals hatte es aber noch eine allgemeine Bedeutung wie unser Wort Kuchen.

Die Beschreibung des Einschließens in Mehl lässt an ein Panieren der Kartoffeln denken, Kuchenbäckerinnen und Kuchenbäcker werden aber geneigt sein, es als Vermengen und Verkneten mit Mehl zu verstehen, und in dieser Rezeptur das Rezept für eine der ersten Erdäpfeltorten zu sehen. Bei sehr alten Rezepten spielt die Reihenfolge der geschilderten Arbeitsschritte zudem nicht die gleiche Rolle wie heute.

Pater Benedikt stellt auch das zweite Rezept und eine medizinische Anwendung vor:

»Salat kannst du aber aus den Knollen auf folgende Weise herstellen: ›Nimm diese Bacaras oder Papas, reinige sie, koche sie weich und schneide sie in Scheiben. Füge Öl, Essig, Pfeffer, Salz oder Zucker hinzu und koste!‹

Dazu noch das heilkundliche Rezept:

›Wenn du magersüchtige Menschen oder Schwindsüchtige heilen und dick machen willst, dann reinige diese Papas und koche sie mit dem Fleisch von Kapaunen, Hennen oder Hammeln. Suppe und Brühe davon bilden eine sehr nützliche und heilsame Nahrung.‹«

Obst und Gemüse aus Übersee
Stich von Wolf Kilian, 1621

Semen.
Flos.
Fructus.
Papas
Radix
Radix castanea quam
Indiani Iuucas siue
Ages nominant.
radix, caudex,

Einem vielseitig interessierten und gebildeten Benediktiner der Renaissance in Seitenstetten ist es also zu verdanken, dass die fremdartigen Früchte nicht nur im Klostergarten angebaut wurden, sondern dass in diesem Sonderfall auch die nützliche Verwendung in der Klosterküche erprobt und in der obigen Reisebeschreibung für die Nachwelt erhalten wurde.
Aus den Kämmerei- und Küchenbüchern und Küchenausgabelisten ist allerdings zu schließen, dass es nach diesem Renaissance-Abt wohl wieder 150 Jahre gedauert hat, bis man die Kartoffelpflanze wirklich wirtschaftlich zu nutzen begann.
Dass der Abt stolz auf seine Erdäpfelpflanzen war, ist kein Wunder, wenn man bedenkt, dass der berühmte Wiener Hofbotaniker Clusius 1588 gerade einmal zwei Knollen als Kuriosität erhalten hatte. Heute erinnert eine Tafel an der Mauer des historischen Hofgartens an diesen ersten Erdäpfelanbau, es finden sich verschiedene Sorten der begehrten und beliebten Knolle im Garten und die Stiftsküche stellt eine Vielfalt von Erdäpfelspeisen her.

Erstübersetzung und Kommentar in der Zeitschrift »Natur und Kultur«, 25. Jg., Nr. 10, Oktober 1928, S. 372–375: Dr. Petrus Ostmayr, Die Anfänge des Kartoffelbaues in Niederösterreich
Neuere Übersetzung, ebenfalls mit Kommentar: Dr. P. Benedikt Wagner, Früher Kartoffelbau als Kuriosität in Seitenstetten in: Stift Seitenstetten – Historischer Hofgarten, S. 23–25, Seitenstetten 1996

Erdäpfelsoß!

(Nr. 95 aus 18 Z 25, Leopoldine Windsberger, 1859)

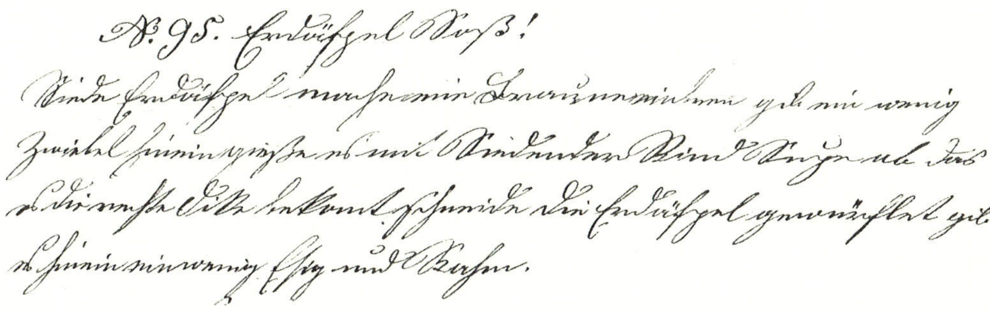

Siede Erdäpfel, mache eine braune Einbrenn, gib ein wenig Zwiebel hinein, gieße es mit siedender Rindsuppe ab, daß es die rechte Dicke bekommt, schneide die Erdäpfel gewürfelt; gib es hinein; ein wenig Essig und Rahm.

Küchenstillleben mit Schweinskopf, toten Vögeln
(Rebhuhn, Trappen) und zwei Körben mit Früchten und Gemüse
Anonym

FLEISCH UND FISCH

Gebackenes Kräuter-Schweinekotelett

4 Schweinekoteletts (mit Knochen)
Salz
Pfeffer, frisch gemahlen
1 EL gehackte Petersilie
1 EL gehackter Rosmarin
1 EL Zitronenthymian oder Thymianblättchen
oder andere Kräuter
1–2 kleingehackte Knoblauchzehen nach Belieben

2 Eier
etwas Mehl
200 g Weißbrotbrösel zum Panieren

Pflanzenöl oder Butterschmalz zum Backen

Schweinekoteletts mit feuchtem Küchenpapier abtupfen, etwas klopfen, salzen, pfeffern und mit den gemischten Kräuter und nach Belieben mit dem klein gehackten Knoblauch gut einreiben.

Gewürzte Koteletts leicht in etwas Mehl wenden, dann in den verquirlten Eiern und zum Schluss in den Weißbrotbröseln wälzen. Im heißen Fett knusprig backen.

Dazu passen Rahmerdäpfel mit Kräutern oder Kräuter-Erdäpfelsalat.

Gefüllte Kohlrabi oder Zucchini

4 mittelgroße junge Kohlrabi
4 mittelgroße Zucchini oder Kugelzucchini

1 kg gemischtes Faschiertes (Hackfleisch)
2 trockene Semmeln (Brötchen) zum Einweichen
2 Eier
Semmelbrösel nach Bedarf

2 Zwiebeln
1–2 Knoblauchzehen
je ½ gewürfelte Paprikaschote, rot, gelb, grün
etwas Pflanzenöl zum Anrösten
2 EL gehackte Petersilie
2 EL gehackter Majoran, Knoblauch oder andere Kräuter
Salz, Pfeffer, gemahlener Kümmel

nach Belieben etwas Käse zum Überbacken

Kohlrabi waschen, schälen, den Blattansatz als Deckel abschneiden. Kohlrabi bis auf einen guten Rand aushöhlen und kurz in Salzwasser vorgaren.
Zucchini waschen, längs halbieren und aushöhlen.
Faschiertes mit den eingeweichten und ausgedrückten Semmeln, den Eiern und Böseln nach Bedarf vermengen.
Zwiebeln fein hacken, Knoblauch durch die Presse drücken und beides in etwas Pflanzenöl anrösten. Paprikawürfel dazugeben.

Alles mit den gehackten Kräutern zum Faschierten (Hackfleisch) geben und die Fleischfülle mit Salz, Pfeffer und Kümmel kräftig abschmecken.

Fülle in die vorbereiteten Gemüse(-hälften) geben, diese auf ein Backblech setzen und im Backrohr bei 170 °C etwa 30 Minuten backen. Nach Belieben kurz vor Ende der Backzeit mit etwas geriebenem Käse bestreuen.

Gefüllte Schweinefilets in Backteig

2 mittelgroße Schweinefilets
Salz, Pfeffer
2 EL Zitronenthymian- oder Thymianblättchen
100 g Schinken
100 g Käse

Backteig:
100 g Mehl
1 Prise Salz
1/8 l Most, Wein oder Bier
2 Eier, getrennt
1 EL Zitronenthymian oder Thymian
Pflanzenöl zum Backen

Schweinefilets in dickere Scheiben schneiden und zum Aufklappen aufschneiden. Dies kann in einem Arbeitsgang durchgeführt werden, indem beim Zerteilen die Scheiben zuerst nicht ganz durchgeschnitten, dann die doppelten Filetscheiben abgetrennt werden. Die doppelten Filetscheiben innen und außen leicht salzen, pfeffern und mit Thymian bestreuen. Schinken und Käse in kleine Quadrate schneiden, die doppelten Filetscheiben damit füllen, dann zusammenklappen.
Für den Backteig Mehl mit Salz, Most, Wein oder Bier und den Eidottern verrühren. Eiklar zu steifem Schnee schlagen, dann mit den Thymianblättchen unter den Backteig ziehen.
Gefüllte Schweinefiletscheiben in Backteig tauchen und in heißem Fett auf beiden Seiten goldgelb backen. Auf einer vorgewärmten Platte mit Zitronenscheiben oder Preiselbeeren servieren.

Fischröllchen auf Spinatbett

8 dünne Seefischfilets (Seezungen)
Zitronensaft zum Säuern
Salz, Pfeffer
Öl oder Butterschmalz zum Anbraten
1 kleine Zwiebel, fein gewürfelt
100 g blättrig geschnittene Champignons
5 EL dicker Rahm oder Sauerrahm
5 EL geriebener Käse
Salz, Pfeffer
1 Packung Rahmspinat oder 800 g Spinatgemüse
Butterflocken und etwas geriebener Käse zum Überbacken
nach Belieben Pinienkerne zum Bestreuen

Fischfilets säubern, mit Zitronensaft säuern, trocken tupfen und leicht salzen und pfeffern.

Zwiebelwürfel in etwas Öl oder Schmalz hellgelb anschwitzen, Champignons dazugeben und kurz scharf mitbraten. Bevor die Pilze Wasser ziehen, die Zwiebel-Champignon-Masse mit Rahm oder Sauerrahm und geriebenem Käse vermengen. Mit Salz und Pfeffer abschmecken.

Die Masse auf die vorbereiteten Fischfilets streichen, diese aufrollen und mit hölzernen Zahnstochern oder mit Rouladennadeln feststecken.

Die gut abgeschmeckte, heiße Spinatmasse in eine gefettete Auflaufform füllen und die Röllchen aufrecht hineinsetzen. Im vorgeheizten Backrohr bei 180 °C etwa 15 Minuten garen, dann mit geriebenem Käse bestreuen und mit Butterflöckchen belegen und weitere 5–10 Minuten backen. Nach Belieben mit hell angerösteten Pinienkernen bestreut servieren.

Hähnchenspieße mit Kräutersoße

750 g Hähnchenbrustfilets
1 rote Paprikaschote
1 gelbe Paprikaschote
2 Zwiebeln

Öl zum Braten

Marinade:
4 TL scharfer Senf
6 EL Orangensaft
1 EL Zitronensaft
4 EL Olivenöl
frisch gemahlener weißer Pfeffer

Kräutersoße:
1 EL fein geschnittener Kerbel
1 EL fein geschnittener Schnittlauch
1 EL fein geschnittener Estragon
1 EL fein geschnittene Zitronenmelisse
1 EL fein geschnittene Petersilie
1 fein gehackte Frühlingszwiebel
2 hart gekochte, fein gehackte Eier
150 ml Crème fraîche
50 ml Obers
50 ml Naturjoghurt
2 TL Dijonsenf
Zitronensaft nach Geschmack
etwas Cayennepfeffer
etwas weißer Pfeffer
Salz

Hähnchenbrustfilet in mundgerechte Stücke schneiden, Paprikaschoten waschen, putzen und in ebenso große Stücke schneiden, Zwiebeln achteln.

Für die Marinade alle Zutaten verrühren, Fleisch dann darin eine Stunde marinieren lassen.

In der Zwischenzeit Crème fraîche, Obers, Mayonnaise und Senf zu einer Soße verrühren. Die fein geschnittenen Kräuter, die Frühlingszwiebel und die gehackten Eier dazugeben und mit Salz, Pfeffer und Zitronensaft abschmecken.

Hähnchenstücke, Paprika und Zwiebeln auf Spieße stecken, in heißem Öl von allen Seiten kross braten. Mit Kräutersoße und jungen Schnittlaucherdäpfeln servieren.

Kräuter-Forelle mit Zitronenmelisse-Soße

4 frische, küchenfertige Forellen à ca. 350 g
etwas Zitronensaft
Salz
weißer Pfeffer, frisch gemahlen

Kräuterfülle:
8 Stängel Kerbel
8 Stängel Petersilie
8 Stängel Estragon
oder andere Kräuter nach Wahl

1 Knoblauchzehe
200 g Weißbrotbrösel
Butter und Olivenöl zum Backen

Zitronenmelisse-Soße:
2 Schalotten, klein gewürfelt
etwas Butter zum Anbraten
200 ml Crème fraîche
2 EL Sauerrahm
Salz, Pfeffer
2 EL frisch geschnittene Zitronenmelisseblättchen

Forellen kurz kalt abbrausen, dann mit Küchenpapier trocken tupfen. Mit Zitronensaft beträufeln, salzen und pfeffern, dann jeweils mit zwei Stängeln Kerbel, Petersilie und Estragon füllen oder mit anderen Kräutern nach Wahl würzen.
Forellen in Weißbrotbröseln wenden. Eine große Pfanne mit der Knoblauchzehe ausreiben und die Mischung aus Butter und Olivenöl erhitzen. Die Forellen vorsichtig darin braten, bis sie durchgegart und außen goldgelb und knusprig gebacken sind.

Für die Melissensoße Schalotten klein würfeln und hell anbraten, Crème fraîche und Sauerrahm dazugeben und kurz durchziehen lassen. Salzen, pfeffern und kurz vor dem Servieren frisch geschnittene Zitronenmelisse untermengen.
Als Beilage eignen sich neben Petersilienerdäpfeln auch Erdäpfel, die mit Zitronenthymian gewürzt sind oder gratinierte Kräutererdäpfel.

Kräuter-Hendl

1 junges Masthähnchen
1 Knoblauchzehe
Salz, Pfeffer
einige Petersilienzweige
einige Thymian- und Rosmarinzweige
einige Salbeiblätter

3 EL weiche Butter
1 EL Olivenöl

reichlich Bier zum Bestreichen

Hähnchen gründlich waschen, mit Küchenpapier innen und außen gut trocken tupfen, dann mit der Knoblauchzehe innen und außen einreiben, salzen und pfeffern.

Weiche Butter und Olivenöl verrühren.

Die Kräuter waschen, trocken schütteln, Petersilienblätter schneiden, Thymian- und Rosmarin-Blättchen abzupfen, klein schneiden und alle Kräuter in die Butter-Öl-Mischung mengen.

Das Hähnchen innen reichlich mit der Kräuterbutter bestreichen.

Die Haut an den Innenseiten der Schenkel vorsichtig aufschneiden und die Kräuterbutter auch zwischen Fleisch und Hautinnenseite füllen. Nach Belieben die Knoblauchzehe und einige Kräuterzweiglein ins Hähnchen stecken.

Das gekräuterte Hähnchen eventuell mit Küchengarn binden, in eine Kasserolle setzen und bei 180 °C je nach Größe etwa 45 Minuten bis 1 Stunde garen. Ab und zu mit Bier bestreichen oder leicht begießen. Zum Ende der Garzeit auf gute Bräunung achten, eventuell Oberhitze oder Grill kurz zuschalten.
Dazu passen der Kräuter-Erdäpfelsalat, Weißbrot oder Brezen.

Lammschulter in Dillrahmsoße

1 Lammschulter, ausgelöst
1 Bund Dill
2 Knoblauchzehen
etwas scharfer Senf
Salz, Pfeffer
Öl oder Butterschmalz zum Anbraten
etwas Wasser und Weißwein
1 Becher Sauerrahm
½ Becher Obers
Mehl zum Binden

Lammschulter enthäuten und mit gehacktem Dill, zerdrückten Knoblauchzehen, Salz, Pfeffer und Senf einreiben. Besonders würzig wird die Schulter, wenn sie so vorbereitet in Alufolie über Nacht im Kühlschrank ziehen kann.

Gewürzte Schulter im heißen Öl oder Butterschmalz von allen Seiten anbraten. Etwas Wasser und Wein aufgießen und die Schulter je nach Größe 1 bis 1 ½ Stunden schmoren lassen. Sauerrahm, Obers und Mehl verrühren und die Soße damit binden. Mit Salz, Pfeffer und frisch gehacktem Dill abschmecken.

Kalbsröllchen mit Kräuterfülle

8 dünne Kalbsschnitzel
2 TL Tomatenmark
2 TL Olivenöl
1 Knoblauchzehe
4 EL frisch gehackte Kräuter
(nach Belieben Salbei, Kerbel, Petersilie, Oregano, Rosmarin oder andere)
8 kleine (halbierte) Scheiben gekochter Schinken
8 kleine (halbierte) Scheiben Käse
Butter oder Pflanzenöl zum Anbraten
1 kleine Zwiebel, fein gewürfelt
¼ l Brühe
1 Becher Rahm
Salz
Pfeffer aus der Mühle
frische Kräuter und Kirschtomaten zum Garnieren

Kalbsschnitzel mit Küchenpapier abtupfen. Tomatenmark, Olivenöl, die zerdrückte Knoblauchzehe und die gehackten Kräuter miteinander vermischen und auf die Kalbsschnitzel streichen. Schinken- und Käsescheiben darauf verteilen und die Kalbsschnitzel aufrollen. Mit Spießchen feststecken oder binden. Rouladen leicht salzen und pfeffern und im heißen Fett von allen Seiten braun anbraten. Zwiebelwürfel zugeben und anrösten. Brühe angießen und die Röllchen im geschlossenen Topf 30 bis 40 Minuten garen. Bei Bedarf etwas Brühe nachgießen. Rahm einrühren, Soße etwas einkochen lassen, mit Salz und Pfeffer abschmecken. Auf einer vorgewärmten Platte mit frischen Kräutern bestreut und mit Kirschtomaten garniert servieren.

Martini-Gansl mit Erdäpfelknödeln

Martini-Gansl

1 junge Gans, ausgenommen und geputzt (3,5–4 kg)
Salz, Pfeffer
3 Zwiebeln
1 Orange
2 säuerliche Äpfel
Majoran

Die Gans kurz waschen, mit Küchenpapier abtrocknen, innen und außen salzen und pfeffern. Zwiebeln und Orange schälen, wie die Äpfel in grobe (3 x 3 cm große) Würfel schneiden, mit Majoran mischen, und die Gans damit füllen. Gans auf einen Rost im Backrohr legen, eine tiefe Fettpfanne darunter stellen, um das Bratfett aufzufangen. Gans bei 160–180 °C langsam mit Umluft 2 bis 3 Stunden braten.
Überflüssiges Fett aus der Fettpfanne abschöpfen, Ansatz mit heißem Wasser lösen, aufkochen lassen, abschmecken und nach Belieben etwas binden.

Erdäpfelknödel

800 g mehlige Erdäpfel
200 g Mehl
50 g Grieß
1 Ei
2 Eidotter

Geschälte Erdäpfel kochen, leicht abkühlen lassen, dann durch die Presse drücken. Auf Raumtemperatur auskühlen lassen, dann mit Mehl, Grieß, Ei und Dottern locker verkneten. Mit feuchten Händen Knödel drehen und diese in leicht kochendem Salzwasser 15 Minuten kochen, danach noch 5 Minuten darin ziehen lassen. Mit einem Lochschöpfer aus dem Wasser heben und sofort servieren.
Dazu schmecken Rotkraut und Maronipüree.

Pikanter Strudel mit Gemüse- und Kalbsbrätfülle

2 Platten Blätterteig, ca. 30 x 40 cm
500 g Kalbsbrät
1 Ei zum Bestreichen

Gemüsefülle:
Pflanzenöl zum Braten
1 Zwiebel, fein gehackt
200 g Champignons oder andere Schwammerl
200 g gelbe Rüben
200 g roter Paprika
300 g Zucchini
Salz, Pfeffer
Kräuter nach Belieben

Für die Gemüsefülle alle Gemüsezutaten waschen, putzen, gelbe Rüben, Paprika und Zucchini in längliche Stücke schneiden. Champignons halbieren oder vierteln, andere Schwammerl entsprechend schneiden.

Zwiebelwürfel in heißem Pflanzenöl hell anschwitzen, Schwammerl darin anbraten, dann beiseite stellen.

Die übrigen Gemüsesorten getrennt ebenfalls in Pflanzenöl anbraten und bissfest garen. Jeweils mit Salz, Pfeffer und klein geschnittenen Kräutern nach Belieben würzen.

Blätterteigplatten auf Bleche legen, die mit Backpapier belegt oder auch nur mit kaltem Wasser abgespült werden. Jeweils die Hälfte des

Kalbsbräts auf die Teigplatten streichen. Die vorgegarten Gemüsesorten der Länge nach darauf verteilen, Schwammerl in der Mitte verteilen. Mit geriebenem Käse gut bestreuen oder mit Käsescheiben belegen. Ränder der Blätterteigplatten an den Schmal- und Längsseiten darüber klappen und etwas andrücken. Den Strudel schließlich mit verquirltem Ei betreichen, dann bei 175 °C im vorgeheizten Rohr etwa 40 Minuten backen.
Da die Vorbereitung der Gemüse etwas aufwändig ist und der Strudel auch gut kalt gegessen werden kann, empfiehlt sich die Zubereitung von gleich zwei Strudeln, wenn sie verwendet oder auch eingefroren werden können.

Rehmedaillons mit Herbstkronen

8 Rehmedaillons, je 3–4 cm hoch
Salz
Pfeffer, frisch gemahlen
1 EL Thymianblättchen
etwas Butterschmalz zum Anbraten

3 Scheiben Toastbrot, entrindet und klein gewürfelt
1 Ei
Salz, Pfeffer, Muskatnuss
etwas Milch nach Bedarf

2 Zwetschken
2 halbierte Walnusskerne
2 halbierte Chamignons oder andere kleine Pilze
2 kleine Birnenspalten

Rehmedaillons mit Küchengarn rund binden, damit sie eine gute Form behalten. Mit Salz, Pfeffer und Thymianblättchen würzen und von allen Seiten in heißem Butterschmalz anbraten.

Toastbrotwürfel mit Salz, Pfeffer und Muskatnuss würzen und mit Ei und Milch nach Bedarf zu einem Semmelteig verarbeiten (wie für Semmelknödel).

Semmelmasse auf über die halbgaren Medaillons kreisförmig verteilen, in die Mitte Zwetschken-, Walnuss-, Schwammerlhälften oder Birnenspalten legen.

Im vorgeheizten Backrohr etwa 10 Minuten fertig backen.

Mit Preiselbeeren und Weintrauben garnieren.

Wildschweinbraten

1 Wildschweinschlegel, ausgelöst und gerollt, vom jungen Wildschwein
1 Knoblauchzehe
Salz, Pfeffer
Thymian
einige zerstoßene Wacholderbeeren
100 g Fett oder Speck, fein gewürfelt
2 Zwiebeln, fein gewürfelt
2 große Karotten, gewürfelt
1 mittelgroßer Sellerie, gewürfelt
2 Lorbeerblätter
¼ l Wasser oder Brühe
¼ l Orangensaft
¼ l Rotwein
1 TL Wildgewürz
2 EL Preiselbeeren oder Ribisel(Johannisbeer-)gelee
6 EL Rahm

Fleisch kurz kalt abbrausen, gut trocken tupfen, dann mit der Knoblauchzehe, Salz, Pfeffer, Thymian und Wacholderbeeren einreiben.

Im Bräter Speck auslassen oder Fett erhitzen, Braten darin von allen Seiten gut anbraten. Zwiebelwürfel dazugeben und anrösten, Karotten- und Selleriewürfel ebenfalls anbraten. Lorbeerblätter dazugeben und mit der Hälfte der Menge von Wasser oder Brühe, Orangensaft und Rotwein aufgießen.

Braten im geschlossenen Bräter bei 180 °C etwa 1 ½ Stunden garen, je

nach Größe auch 2 Stunden. Während der Bratzeit den Braten mit der restlichen Flüssigkeit begießen.
Gegarten Braten aus der Soße nehmen und mit Alufolie abgedeckt heiß stellen. Bratenansatz lösen, Soße durchpassieren und mit Salz, Pfeffer sowie etwas Wildgewürz abschmecken, schließlich mit Preiselbeeren oder Ribiselgelee verfeinern. Soße etwas einreduzieren und mit Rahm binden.
Fleisch quer zur Faser in dünne Scheiben schneiden und schuppenartig anrichten. Mit etwas Soße überzogen servieren.

Wildkarpfen, Geflügel,
Birnen, Äpfel, Trauben
Anonym; 1. H. 17. Jh.

FLEISCH UND FISCH HISTORISCH

Das gewickelte Lungenbratl

(Nr. 286 aus 18 Z 25, Leopoldine Windsberger, 1859)

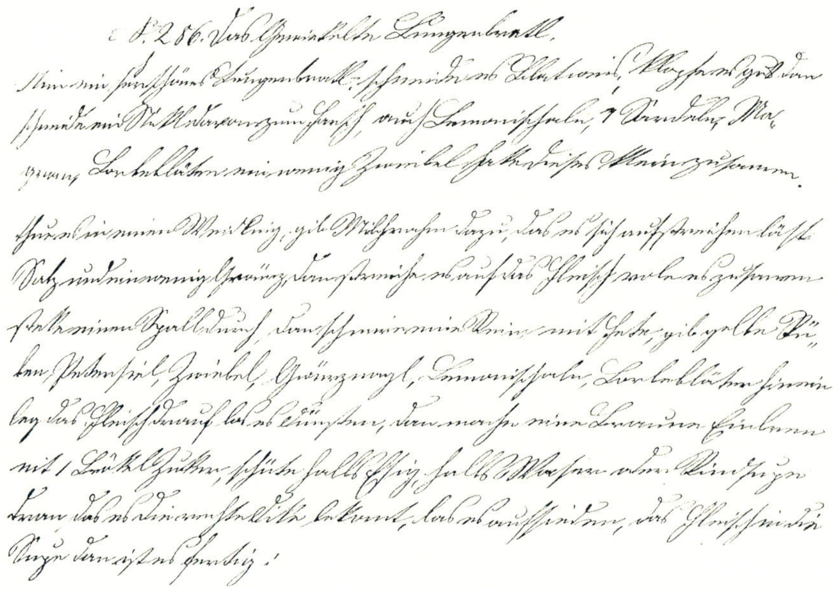

Nimm ein sehr schönes Lungenbratl, schneide es blattweis, klopfe es gut, dann schneide ein Stückl davon zum Farsch, auch Lemonischalen, Sardellen, Magran (Majoran) Lorberblätter, ein wenig Zwiebel; hacke dieses klein zusammen, thue es in einen Weitling (Schüssel), gib Milchrahm dazu, daß es sich aufstreichen lässt, Salz und ein wenig Gewürz.

Dann streiche es auf das Fleisch, rolle es zusammen, stecke einen Spall (Holzstäbchen, Zahnstocher) durch, dann schmiere eine Rein mit Fett, gib gelbe Rüben, Petersil, Zwiebel, Gwürznagel (Gewürznelken), Lemonischalen, Lorberblätter hinein, leg das Fleisch darauf, laß es dünsten, dann mache eine braune Einbrenn mit ein Bröckel Zucker, schütte halbs (zur Hälfte) Essig, halbs Wasser oder Rindsuppe dran, daß es die rechte Dicke bekommt; laß es aufsieden; das Fleisch in die Suppe, dann ist es fertig.

Ein gefilte Spensaw (Ein gefülltes Spanferkel)

(Stiftsarchiv Seitenstetten, Koch Buech, De Anno 1640, fol. 15)

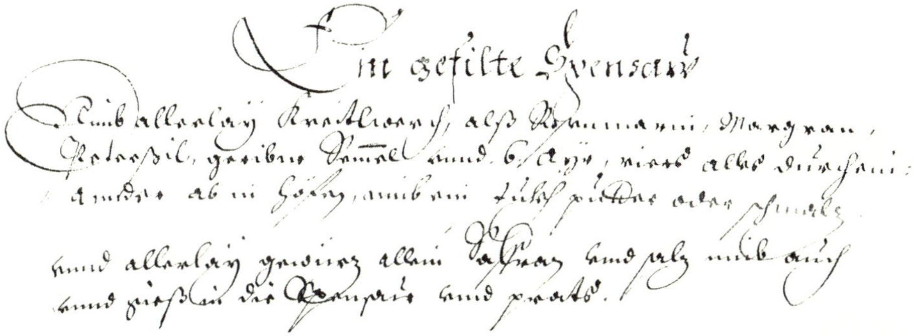

Nimb allerlay Kreitlwerch, alß Rosenmarin, Margran, Peterßil, geribne Semmel unnd .6. Ayr, riers alles durcheinannder ab in Höfen, nimb ein stukh putter oder schmalz unnd allerlay gewürz allein Saffran unnd salz nimb auch unnd gieß in die spensaw und prats.

Ein gefülltes Spanferkel

Nimm allerlei Kräuterwerk, zum Beispiel Rosmarin, Majoran, Petersilie, geriebene Semmeln und sechs Eier. Rühr alles durcheinander in einem Hafen (Topf) ab, nimm ein Stück Butter oder Schmalz und allerlei Gewürz hinzu; nimm aber auch Safran und Salz dazu, fülle damit das Spanferkel und brate es.

Ein Guettes Süppel über ein gebratenen Copaun

(Stiftarchiv Seitenstetten, Koch Buech, De Anno 1640, fol.19r)

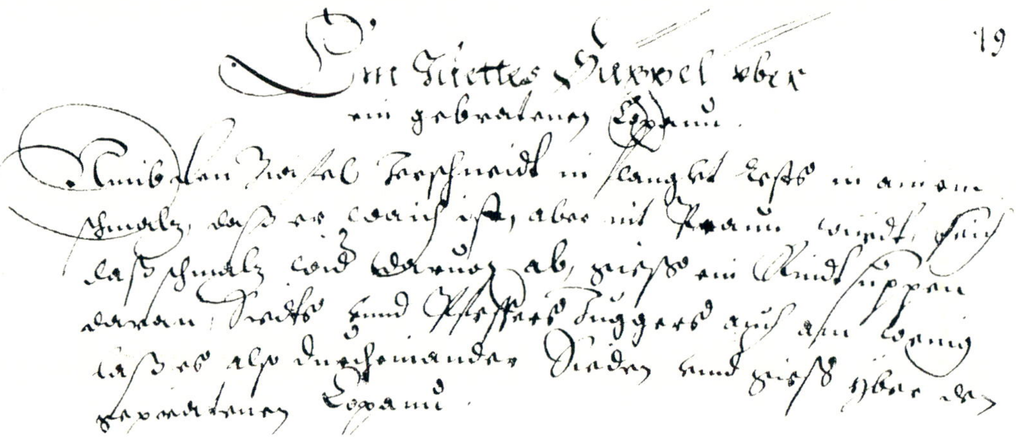

Nimb den Zwifel Zerschneidt in flanglet rests in ainem schmalz, daß er waich ist, aber nit Praun würdt, seich daß schmalz wider darvon ab, gießs ein Rindtsuppen daran, Siedts unnd Pfeffers Zuggers auch ain wenig laß es als durcheinander Sieden unnd gießs yber den gepratenen Copaun.

Ein gutes Süppchen über einen gebratenen Kapaun (Masthahn)

Nimm Zwiebel, zerschneide ihn flockig (in Streifen), röste ihn in Schmalz, sodaß er weich ist, aber nicht braun wird, seihe das Schmalz wieder davon ab und gieße Rindsuppe daran. Dann siede alles, pfeffere es und gib auch ein wenig Zucker hinzu. Hierauf laß alles miteinander sieden und gieße es über den gebratenen Kapaun.

Einen Fisch in Bomischer (böhmischer) Soß

(Nr. 177 aus 18 Z 25, Leopoldine Windsberger, 1859)

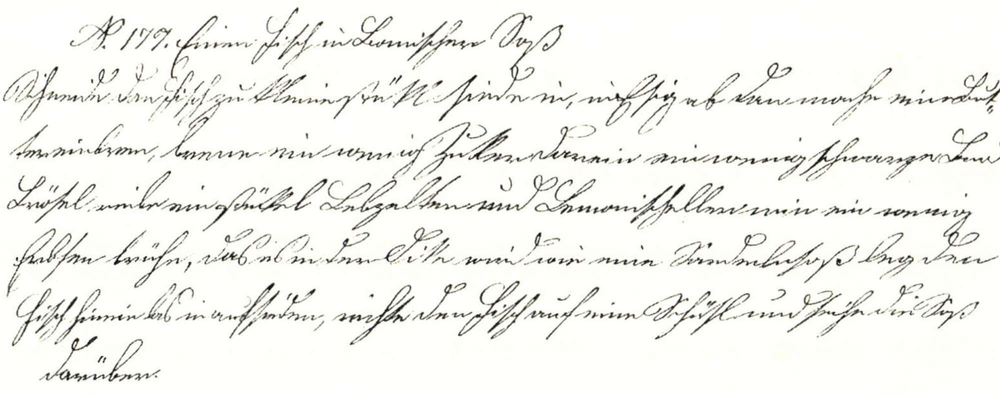

Schneide den Fisch zu kleine Stückl, siede ihn in Essig ab; dann mache eine Buttereinbrenn, brenne ein wenig Zucker darein, ein wenig schwarze Brotbrösel; reibe ein stückl Lebzelten und Lemonischalen nim ein wenig Erbsenbrühe, daß es in der Dicke wird wie eine Sardellensoß; leg den Fisch hinein, laß ihn aufsieden, richte den Fisch auf eine Schüssel und seihe die Soß darüber.

Fisch auf französische Art!

(Nr. 172 aus 18 Z 25, Leopoldine Windsberger, 1859)

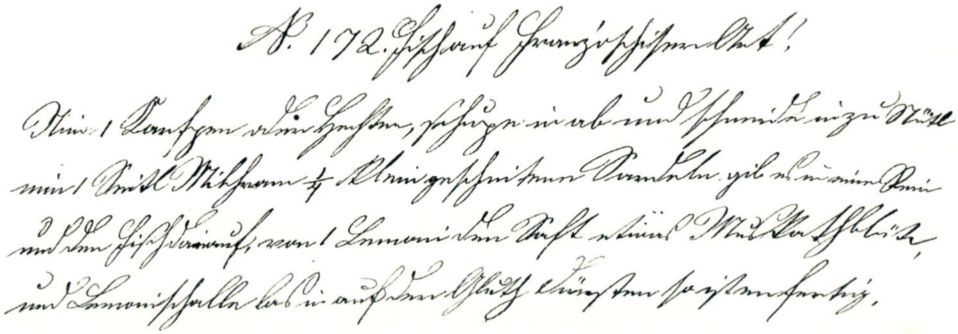

Nimm ein Karpfen oder Hechten, schuppe ihn ab und schneide ihn zu Stückel. Nimm ein Seitel Milchrahm, ein Viertel kleingeschnittene Sardellen, gib es in eine Rein und den Fisch darauf, von einem Lemoni (Limone, Zitrone) den Saft, etwas Muskatblüte und Lemonischalen, lass ihn auf der Glud dünsten. So ist er fertig.

Gebackenes Lämenes! (Lammfleisch)

(Nr. 236 aus 18 Z 25, Leopoldine Windsberger, 1859)

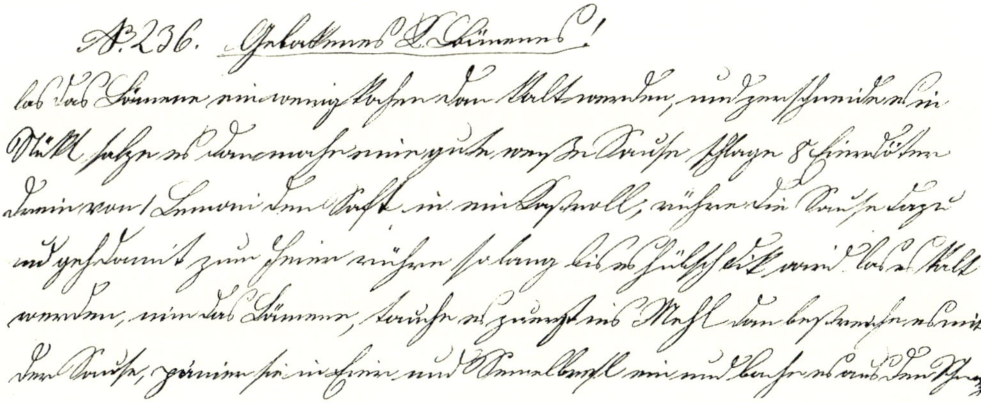

Laß das Lämene (Lammfleisch) ein wenig kochen, dann kalt werden und zerschneide es in Stückl; salze es, dann mache eine gute weiße Sause (Soße), schlage acht Eierdöter drein, von ein Lemoni den Saft in ein Kastrol (Kasserolle, Topf), rühre die Sause (Soße) dazu und geh damit zum Feier (Feuer), rühre solang bis es hübsch dick wird; laß es kalt werden, nimm das Lämene, tauche es zuerst ins Mehl, dann besteiche es mit der Sause, panir sie in Eier und Semmelbrösel ein und backe es aus den Schmalz.

Stillleben mit Feigen und Weintrauben
Martino Altomonte, Alto. f. 1742

Gedünstetes Lämenes (Lammfleisch) mit Kaprie (Kapern)

(Nr. 230 aus 18 Z 25, Leopoldine Windsberger, 1859)

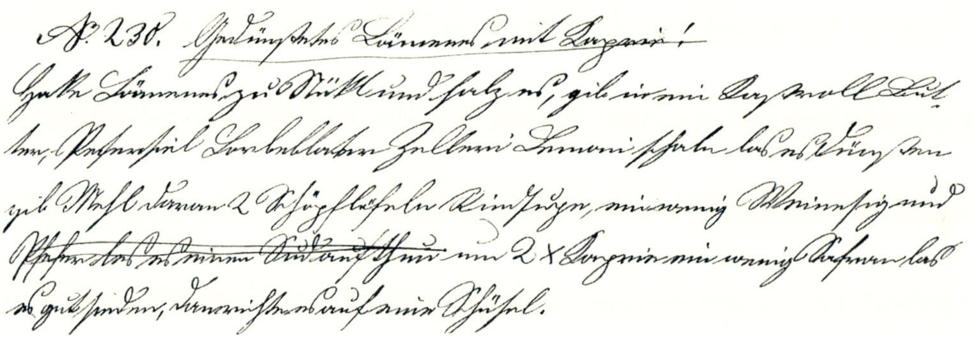

Hacke Lämenes zu Stückl und salz es, gib in ein Kastroll (Kasserolle, Topf) Butter, Petersil, Lorbeerblätter, Zellerie (Sellerie), Lemonischalen, laß es dünsten, gib Mehl daran, 2 Schöpflöffel Rindsuppe, ein wenig Weinessig und um 2 Kreuzer Kaprie (Kapern), ein wenig Safran, laß es gut sieden, dann richte es auf eine Schüssel.

Gefüllter Kalarabi (Kohlrabi)

(Nr. 141 aus 18 Z 25, Leopoldine Windsberger, 1859)

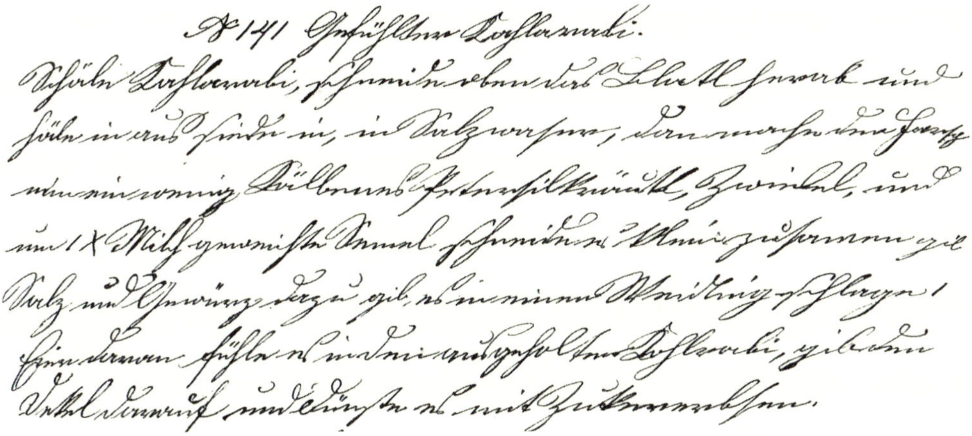

Schäle Kohlrabi, schneide oben das Blattl herab und häle (hohle) in aus, siede ihn in Salzwasser, dann mache den Farsch (faschierte Fülle): Nimm ein wenig Kälbernes, Petersilkräutl, Zwiebel und (in) Milch geweichte Semmel, schneide es klein zusammen, gib Salz und Gewürz dazu, gib es in einen Weidling, schlage 1 Eier daran, fülle es in den ausgeholten (ausgehöhlten) Kohlrabi, gib den Deckel darauf und dünste es mit Zuckererbsen.

Entsprechung: Gefüllte Kohlrabi oder Zucchini

Guette Höchten Einzumachen

(Stiftsarchiv Seitenstetten, Koch Buech, De Anno 1640, fol.2)

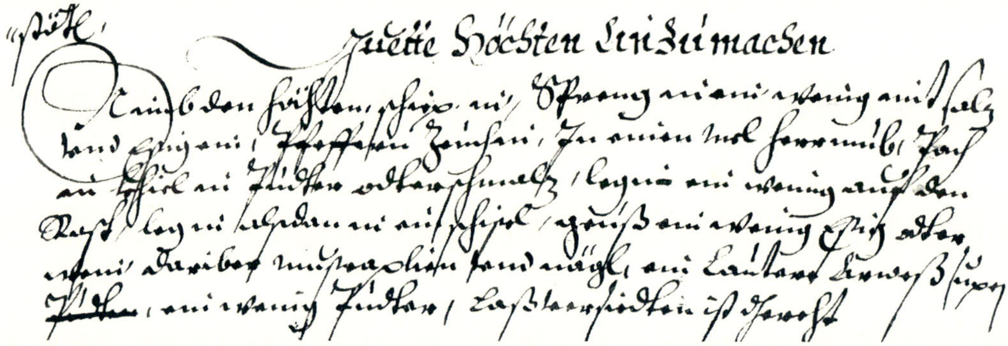

Nimb den Höchten, schiep in, Spreng in ain wenig mit salz und Essig ein, Pfeffern Zeuch in In einen Mel herumb, Pach in khiel in Pudter odter schmalz, leg in ein wenig auf den Rost, leg in alsdan in ein schisel, geuß ein wenig Essig odter wein dariber muscaplien und nägl, ein Lautere Arweßsuppen, ein wenig Pudter, Laß versiedten ist Gereht

Wie man gute Hechte paniert

Nimm den Hecht, schuppe ihn ab, bespreng ihn ein wenig mit Salz und Essig, pfeffere ihn, zieh ihn in Mehl herum (wälze ihn in Mehl), backe ihn bei gelindem Feuer (geringer Hitze) in Butter oder Schmalz, lege ihn kurze Zeit auf den Rost und dann sogleich in eine Schüssel, gieß ein wenig Essig oder Wein darüber, würze mit Muskatblüte und Gewürznelke, übersiede alles in (mit) einer klaren Erbsensuppe und ein wenig Butter, und fertig ist das Gericht.

Kälbene Schnitzel (Kalbsschnitzel)

(Nr. 276 aus 18 Z 25, Leopoldine Windsberger, 1859)

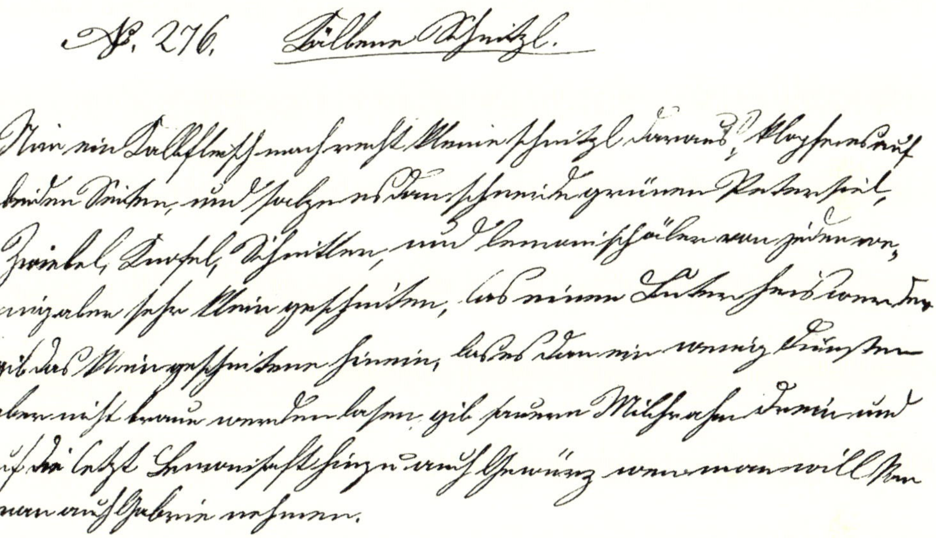

Nimm ein Kalbfleisch, mach recht kleine Schnitzel daraus, klopfe es auf beiden Seiten und salze es, dann schneide grünen Petersil, Zwiebel, Knofel (Knoblauch), Schnittler (Schnittlauch) und Lemonischäler (Zitronenschalen), von jeder wenig aber sehr klein geschnitten; laß einen Butter heiß werden, gib das Kleingeschnittene hinein, laß es dann ein wenig dünsten, aber nicht braun werden lassen, gib sauren Milchrahm darein, und auf die Letzt (zum Schluss) Lemonisaft hinzu, auch Gewürz, wenn man will kann man auch Gabrie (Kapern?) nehmen.

Legierte Hendl

(Nr. 258 aus 18 Z 25, Leopoldine Windsberger, 1859)

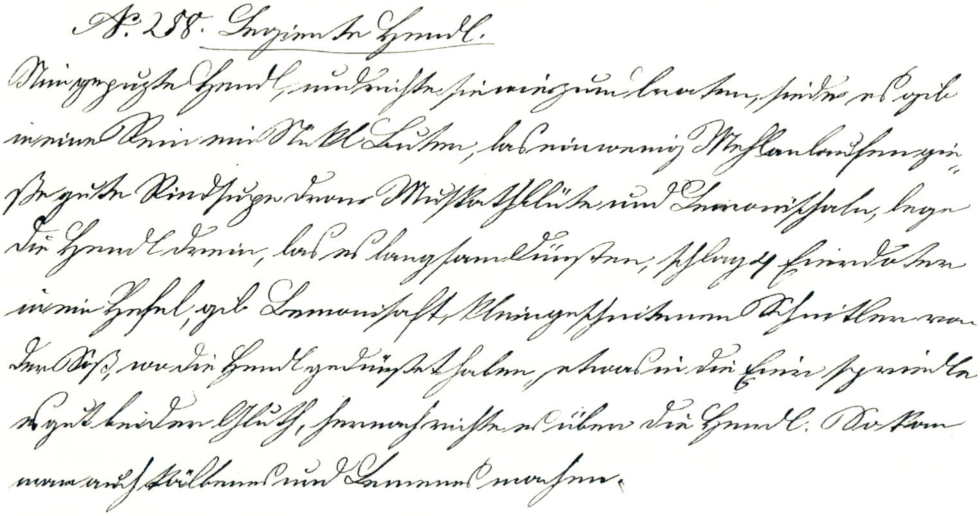

Nimm geputzte Hendl und richte sie wie zum braten; siede es, gib in eine Rein ein Stückl Butter, laß ein wenig Mehl anlaufen, gieße gute Rindsuppe dran, Muskatblüte und Lemonischalen; lege die Hendl drein; laß es langsam dünsten; schlag 4 Eierdotter in ein Hefel, gib Lemonisaft, kleingeschnittenen Schnittler (Schnittlauch); von der Soß wo die Hendl gedünstet haben etwas in die Eier, spriedle (sprudle) es gut bei der Glut, hernach richte es über die Hendel. So kann man auch Kälbernes und Lämenes machen.

Sisarum Peru anum siue
Batata Indorum.
Chrisanthemum Peruuianum radix, germen, flos et caudex.
15

Blumenstück mit Fasan auf Postament und Früchten
Franz Werner Tamm (1658–1724)

GEMÜSE

Bärlauchnocken in Weißwein-Obers-Soße mit Pinienkernen

1 kg mehlige Erdäpfel
ca. 150 g Mehl
2 Eidotter
Salz, Pfeffer, Muskatnuss
1 Handvoll Bärlauch
1 EL Öl
1 EL Pinienkerne

Erdäpfel dämpfen, Schale abziehen, heiß durchpressen, dann auf der Arbeitsfläche etwas ausbreiten und abkühlen lassen.

Bärlauch waschen, gut abtropfen lassen, in grobe Streifen schneiden, dann mit Öl und Pinienkernen kurz durchmixen.
Eidotter, Salz, Pfeffer und frisch geriebene Muskatnuss zur Erdäpfelmasse geben.
Bärlauchmasse und Mehl nach Bedarf zu den Erdäpfeln geben und alles rasch zu einem glatten Teig verarbeiten. Die Mehlmenge hängt vom Feuchtigkeitsgehalt der Erdäpfel ab.
Erdäpfelteig zu ca. 2–3 cm dicken Rollen verarbeiten, kleine Stücke abschneiden und diese zu Nocken formen. Mit einer bemehlten Gabel die Oberfläche ganz leicht eindrücken. In einem weiten Topf in kochendes Salzwasser einlegen, dann knapp unter dem Siedepunkt ziehen lassen. Sobald die Nocken an die Oberfläche steigen, mit dem Schaumlöffel herausnehmen, gut abtropfen lassen und in der Weißwein-Obers-Soße schwenken.

Weißwein-Obers-Soße mit Pinienkernen

1 kleine Zwiebel, fein gewürfelt
1 EL Olivenöl
3 EL Pinienkerne
⅛ l Wasser
⅛ l Weißwein
⅛ l Obers
Salz, Pfeffer, Muskatnuss
2 EL Bärlauchblätter, klein geschnitten
nach Belieben Kirschtomaten oder Paprikastreifen

Zwiebelwürfel im heißen Olivenöl goldgelb andünsten, Pinienkerne hell mitrösten, dann mit Wasser und Weißwein ablöschen. Obers dazu geben, Soße etwas einreduzieren, mit Salz, Pfeffer und Muskatnuss würzen.
Zum Schluss frisch geschnittene Bärlauchblätter unterheben und nach Belieben einige Kirschtomaten oder Paprikastreifen der Farbe wegen dazu geben. Die frisch gekochten Nocken in der Soße zu Tisch geben.

Bunter Sommersalat

1 Staude Kopfsalat
etwas Schnitt- oder Pflücksalat (Eichenblatt,
Vogerl- oder Feldsalat, Lollo rosso, Rauke, Rucola oder andere)
3–4 Tomaten
1 Bund Radieschen oder kleine Zucchini oder Gurken
200 g Mais (aus der Dose) nach Belieben

1 Knoblauchzehe zum Ausreiben der Salatschüssel

Marinade:
1 EL scharfer Senf
3 EL Rahm oder Obers oder Jogurt
3 EL Pflanzenöl
2 EL Essig oder Zitronensaft
Salz, Zucker, frischer Pfeffer aus der Mühle
Salatkräuter nach Belieben wie Schnittlauch, Petersilie,
Basilikum, Dill, Estragon, fein geschnitten

Salate sorgfältig putzen, gründlich waschen, gut abtropfen lassen. Tomaten waschen, trocknen, in Scheiben oder Achtel schneiden. Radieschen, Zucchini oder Gurken waschen und in Scheiben schneiden. Mais abtropfen lassen.

Salatschüssel oder -schale mit der geschälten Knoblauchzehe ausreiben, Zehe dann entfernen.

Salatzutaten entweder getrennt dekorativ in einer weiten Schüssel oder Schale arrangieren oder locker vermischt anrichten. Erst kurz vor dem Servieren die Marinade vorsichtig darüber verteilen.

Für die Marinade Senf, Rahm, Obers oder Joghurt, Öl und Essig oder Zitronensaft gut mit dem Schneebesen verrühren, bis sich eine feine Emulsion ergibt, mit Salz, Zucker und frischem Pfeffer nach Belieben abschmecken. Die fein geschnittenen Kräuter untermengen und die Marinade bis kurz vor dem Servieren kühl gestellt ziehen lassen.

Freitags-Auflauf

250 g Hörnchennudeln oder kurze Makkaroni
4 große Erdäpfel, in kleine Würfel geschnitten
Gemüsebrühe oder gekörnte Brühe zum Kochen
600 g gemischtes Gemüse der Saison (maximal 2–3 Sorten mischen)
(200 g Zucchini, 200 g Paprika oder Pilze oder Brokkoli, 3–4 Tomaten)
etwas Olivenöl

200 ml Obers
100 ml Sauerrahm
200 g geriebener Bergkäse
2 EL kleingeschnittene Kräuter nach Belieben
Salz, Pfeffer, Muskatnuss
1 TL gekörnte Brühe oder Suppenwürze

Nudeln mit den Erdäpfelwürfeln in der Gemüsebrühe etwa 10 Minuten garen. Erdäpfel sollen nicht zerfallen, daher kaum umrühren.
Gemüse waschen, putzen, in Stücke schneiden und in etwas Olivenöl bissfest anrösten. Tomaten waschen und in dickere Scheiben schneiden, zum Dekorieren beiseite stellen.

Nudeln und Erdäpfelwürfel abseihen und in eine gebutterte oder auch mit Olivenöl gefettete Auflaufform geben. Die angerösteten Gemüsesorten darin verteilen.

Obers mit Sauerrahm, der Hälfte des Käses und den Kräutern verrühren und mit Salz, Pfeffer, Muskatnuss und gekörnter Brühe oder Suppenwürze abschmecken. Die Masse über dem Auflauf verteilen, die Tomatenscheiben dekorativ hineinstecken und den Rest des Bergkäses darüber streuen. Den Auflauf im vorgeheizten Backrohr bei 175 °C etwa 25 Minuten backen.

Gartengemüsetorte

250 g Mehl
1 Ei
1 Prise Salz
120 g Butter
2 EL kaltes Wasser

800 g Gemüse der Saison
(auf Mischung der Farben achten, z. B. Brokkoli und Karotten
oder Champignons, Paprika, Zucchini)
1 mittelgroße Zwiebel, fein gewürfelt
2 EL Pflanzenöl oder Butter

3 Eier
200 ml Milch oder Obers
100 ml Sauerrahm
1 EL Speisestärke
150 g geriebener Emmentaler oder Bergkäse
2 EL Kräuter nach Belieben
Salz, Pfeffer, Muskatnuss

Mehl mit Ei, Salz, Butterflöckchen und Wasser rasch zu einem Mürbteig verkneten. Teig 30 Minuten kühl ruhen lassen, dann auswellen und eine gefettete Tortenform damit auslegen. Rand etwa 3 cm hochziehen.

Gemüse waschen, putzen, in mundgerechte Stücke schneiden. Zwiebelwürfel in heißem Fett glasig anschwitzen, Gemüsestücke darin andünsten, dann in der Tortenform verteilen.

Eier mit Milch oder Obers, Sauerrahm und Speisestärke verquirlen, mit dem gerie-

benen Käse vermengen und mit Kräutern, Salz, Pfeffer und Muskatnuss abschmecken. Eiermasse über dem Gemüse verteilen.
Gemüsekuchen bei 175 °C etwa 40 Minuten im vorgeheizten Backrohr auf der unteren Schiene backen.

Tipp: Damit die Oberfläche nicht zu sehr bräunt, kann sie zeitweise mit Backpapier abgedeckt werden.

Gemüse-Lasagne

(Italienischer Gemüseauflauf)

ca. 12 Lasagneblätter (ohne Vorkochen verwendbare)

300 g geriebener Käse

Olivenöl oder Butter für die Form

Tomaten-Gemüse-Masse:
ca. 1 kg Gemüse nach Jahreszeit
(Tomaten, Paprika, Zucchini, Brokkoli, Sellerie, Karotten, Kohlrabi)
2 Zwiebeln
2 Knoblauchzehen
3 EL Olivenöl oder Butter
350 g Tomatenpüree (oder Sugo oder zerkleinerte Schältomaten aus der Dose)
etwas Gemüsebrühe
1 Bund Basilikum, fein geschnitten
1 EL Oregano
1 EL Thymian
Salz, Pfeffer, Paprikapulver, Curry oder Ingwer nach Belieben

Gemüse waschen, putzen und in mundgerechte Stücke schneiden. Die Zwiebeln und die Knoblauchzehen fein hacken und in Olivenöl oder Butter glasig andünsten. Gemüsestücke dazugeben und mitrösten. Tomatenpüree zufügen, etwas Gemüsebrühe nach Bedarf aufgießen (die Lasagneblätter saugen beim Backen Flüssigkeit auf) und die Masse kurz köcheln lassen. Kräuter dazugeben, mit Salz, Pfeffer und Gewürzen abschmecken.

Eine Schicht Lasagneblätter in eine gefettete Auflaufform legen. Eine Schicht Tomaten-Gemüse-Masse darauf verteilen, mit geriebenem Käse bestreuen. Weitere zwei Schichten Lasagneblätter, Tomaten-Gemüse-Masse und Käse in die Auflaufform füllen. Die oberste Schicht besteht aus geriebenem Käse. Nach Belieben mit Butterflöckchen belegen oder mit etwas Obers beträufeln. Im vorgeheizten Backrohr bei 175 °C etwa 30 Minuten backen. Vor dem Anschneiden etwas anziehen lassen.

Gemüsesuppe nach Saison

800 g gemischtes Gemüse nach Saison:
Erdäpfel, Karotten, Sellerie, Fenchel, Zucchini, Brokkoli,
Karfiol (Blumenkohl), Fisolen(Bohnen), Paprika, Tomaten

1 Zwiebel, fein gehackt
1–2 Knoblauchzehen, fein gehackt, nach Geschmack
2 EL Pflanzenöl
1 l Gemüse- oder Fleischbrühe
Salz, Pfeffer, Muskatnuss oder Ingwer nach Geschmack
1 EL Schnittlauch oder Kräuter nach Belieben

Gemüse waschen, putzen, in kleine, etwa gleich große Stücke schneiden.

Zwiebel- und Knoblauchwürfel in Pflanzenöl hell anrösten, Gemüse nach Garzeit der einzelnen Sorten der Reihe nach zugeben, etwas mitrösten. Mit Brühe aufgießen und die Gemüse bissfest garen. Mit Salz, Pfeffer, Muskat oder Ingwer abschmecken und mit den frischen Kräutern bestreut servieren.

Gemüsesuppe mit Rosenlikör

1 kleine Zwiebel, fein gewürfelt
1 große Fenchelknolle oder Stangenfenchel
150 g Karotten
150 g Pastinaken
oder Sellerie
1 l Gemüsebrühe
Salz
weißer Pfeffer aus der Mühle
3 EL Pflanzenöl zum Anbraten
2 cl Rosenlikör zum Parfümieren
2 EL Kürbisöl nach Belieben

Gemüse waschen, putzen und in kleine Stücke schneiden. Pflanzenöl in einem Suppentopf erhitzen, Zwiebelwürfel darin hell anschwitzen. Fenchel-, Karotten-, Pastinaken- oder Selleriestücke dazugeben und ebenfalls kurz anrösten. Gemüsebrühe aufgießen und die Suppe etwa 20 Minuten köcheln lassen.

Die fertig gegarte Suppe im Mixer oder mit dem Pürierstab pürieren, mit Salz und Pfeffer abschmecken. Kurz vor dem Servieren mit Rosenlikör parfümieren und sofort in Teller füllen. Nach Belieben einen Tropfen Kürbisöl darauf geben und mit einem Löffelstiel ein Muster damit auf der Oberfläche zeichnen.

Kräuter-Eier-Schmarrn

1 gute Handvoll Kräuter oder Wildkräuter nach Belieben
(z. B. Brennnesseln, Spitzwegerich, Sauerampfer, Zitronenmelisse, Schnittlauch, Petersilie, Estragon, Kerbel, Thymian, Basilikum)
6 Eier
2 EL Schlagobers
Salz
weißer Pfeffer, frisch gemahlen
4 EL geriebener Bergkäse
1 Zwiebel, fein gehackt
1 EL Butter
1 EL Öl

Kräuter gründlich waschen, trocken schütteln, fein schneiden. Eier mit Obers gut verrühren, mit Salz, Pfeffer und 2 EL Bergkäse vermengen, Kräuter unterrühren.

Die feingehackte Zwiebel in einer Pfanne mit Butter goldgelb anrösten. Dann Öl in die Pfanne dazu geben, etwas erhitzen, schließlich die Kräuter-Eier-Masse einfüllen und bei schwacher Hitze langsam stocken lassen. In große Stücke zerteilen und wenden.

Kurz vor dem Ende der Garzeit restlichen Bergkäse darüber geben und noch etwas anschmelzen lassen. Kräuter-Eier-Schmarrn mit Salat und frischem Brot servieren.

Kräuterbrot

500 g Weizenmehl
1 P. Germ (Hefe)
1 Ei
1–2 Tassen Milch oder einen Teil davon Buttermilch
2 EL Öl
1 TL Zucker
1–2 TL Salz
nach Belieben Kümmel, Koriander
1 Tasse klein geschnittene Kräuter wie Kerbel, Petersilie, Schnittlauch, Rosmarin, Thymian, Majoran

Lauwarme Milch (Buttermilch erst später zugeben), Öl, Zucker, Salz und Mehl in eine hohe Rührschüssel geben, Germ darüber zerbröckeln, Ei zugeben.

Alle Zutaten mit dem elektrischen Rührgerät zuerst langsam, dann auf schneller Schaltstufe gut verrühren, bis der Teig glatt ist und sich von der Schüssel löst.

Teig zugedeckt an einem warmen Ort gehen lassen, bis sich die Menge etwa verdoppelt hat. (Kann auch bei 50 °C im Backofen unter Aufsicht geschehen.)

In der Zwischenzeit Kräuter waschen, trocken schütteln, Blättchen abzupfen und fein schneiden. Gewürze und Kräuter zum gegangenen Germteig geben, gut untermengen und den Brotteig nochmals kräftig durcharbeiten. Dann in eine gefettete Kastenform füllen, nochmals gehen lassen und schließlich bei 175 °C etwa 40 bis 50 Minuten backen. Das Brot ist durchgebacken, wenn es beim Klopfen an der Unterseite hohl klingt.

Estragon-Kohlrabi-Suppe

3 mittelgroße Kohlrabi mit Blättern
1 mittelgroßer Erdapfel
500 ml Gemüsebrühe
250 ml Milch
150 ml Obers
3–4 Zweige Estragon
Salz, weißer Pfeffer, frisch gemahlen
2 EL Sauerrahm

Kohlrabiblätter abschneiden, die zartesten beiseite legen. Kohlrabi und Erdapfel waschen, schälen, in Würfel schneiden und in der Gemüsebrühe etwa 12 Minuten bissfest garen. Milch und Obers zugeben und die Suppe pürieren (Pürierstab). Mit Salz und frisch gemahlenem Pfeffer abschmecken.

Estragon waschen, trocken schütteln und Blättchen von den Stielen zupfen. Die zarten Kohlrabiblätter waschen und in feine Streifen schneiden. Zusammen mit den Estragonblättchen in die Suppe geben. Suppe in die Teller verteilen, je einen halben Esslöffel gut verrührten Sauerrahm spiralförmig durchziehen.

Mini-Gemüse-Pizza

Germteig (Hefeteig) von 300 g Mehl oder 8 Semmelrohlinge vom Bäcker

Tomatenmasse:
100 ml Tomatenpüree
2 EL Olivenöl
1 TL frische Thymianblättchen
1 TL frische Rosmarinblättchen
1 TL frische Oreganoblättchen

Gemüse-Belag:
Gemüse nach Jahreszeit:
Tomaten, Paprika, Zucchini, Zwiebeln, Champignons, Brokkoli
Öl zum Anbraten
Salz, Pfeffer
Kräuter (Thymian, Oregano) zum Bestreuen

400 g Mozzarella-Käse oder anderer Käse

Aus dem Germteig 6 bis 8 Kugeln formen und an einem warmen Ort gehen lassen. Für die Tomatenmasse die Kräuter möglichst klein schneiden und mit dem Tomatenpüree sowie dem Olivenöl vermengen. Anschließend mit Salz und Pfeffer abschmecken.

Für den Gemüsebelag die jeweiligen Saisongemüse waschen und putzen. Die mundgerecht geschnittenen Stücke und in etwas Öl bissfest andünsten. Nach Geschmack salzen und pfeffern.

Germteigkugeln oder Semmelrohlinge mit der Hand flach drücken. Mit der Tomatenmasse bestreichen und mit dem vorbereiteten Gemüse belegen. Die gehackten Kräuter darüberstreuen und die Gemüse-Fladen mit Käse belegen. Bei 175 °C etwa 15 Minuten backen.

Tomaten mit Weichkäse und Wildkräutern

400 g mittelgroße, aromatisch-reife Tomaten
250 g Weichkäse (Ziegen-, Schafskäse oder Mozzarella)
Salz, Pfeffer
3 EL Olivenöl
3 EL weißer Balsam-Essig
2 Handvoll Wildkräuter oder Rauke (Rucola)

Tomaten waschen, auf Küchenpapier abtropfen lassen und in Scheiben schneiden. Weichkäse in gleich große Scheiben schneiden und abwechselnd mit den Tomatenscheiben in eine Servierform schichten. Salzen, pfeffern und mit Öl und Essig beträufeln.
Wildkräuter oder Rauke (Rucola) bei Bedarf waschen, trocken schütteln, verlesen und über den Tomaten-Käse-Scheiben anrichten.
Gut als leichte Sommerbrotzeit mit Kräuterbrot oder Weißbrot zu servieren!

Tomaten-Torte

250 g Mehl
1 Prise Salz
125 g Butter
3 EL Mineralwasser

600 g Tomaten (Fleisch- oder Kirschtomaten)

200 ml Milch
100 ml Obers
2 EL Speisestärke
3 Eier
200 g geriebener Käse
Salz, Pfeffer
1 Bund Basilikum, gehackt
1 EL Thymianblättchen
1 EL Oreganoblättchen

Mehl mit Salz, Butter und Mineralwasser rasch zu einem glatten Mürbteig verarbeiten. Teig 30 Minuten kühl rasten lassen, dann auswellen und eine Springform damit auslegen. Rand etwa 3 cm hochziehen.

Tomaten waschen, trocknen, Fleischtomaten in Hälften schneiden, Kirschtomaten ganz lassen. Mürbteigboden damit belegen, halbierte Tomaten mit der Schnittfläche nach oben einlegen.

Milch und Obers mit Speisestärke verquirlen, Eier, Käse und Kräuter untermengen, mit Salz und Pfeffer abschmecken. Die Masse über die Tomaten gießen. Im vorgeheizten Backofen bei 170 °C etwa 40 Minuten backen. Die Eimasse muss fest und goldgelb gebacken sein. Sollte die Oberfläche zu stark bräunen, zeitweise mit Backpapier abdecken.

Rahm-Kräutersuppe

1 kleine Zwiebel, fein gehackt
4 mittelgroße Erdäpfel, klein gewürfelt
50 g frische Kräuter, grob gehackt
30 g Butter oder Pflanzenöl
1 l Gemüsebrühe
100 ml Obers
100 ml Sauerrahm
Salz, Pfeffer, Muskatnuss
frische Kräuter zum Bestreuen

Zwiebelwürfel in Butter oder Öl hellgelb anrösten. Erdäpfelwürfel und gehackte Kräuter dazugeben, etwas mitrösten, dann mit der Gemüsebrühe aufgießen und etwa 20 Minuten köcheln lassen.

Suppe pürieren (Pürierstab), Obers und Sauerrahm dazugeben und mit Salz, Pfeffer und frisch geriebener Muskatnuss abschmecken. Vor dem Servieren mit frischen Kräutern bestreuen.

Kräutersoße mit Einbrenne

30 g Butterschmalz
1 kleine Zwiebel
1–2 EL Mehl
½ l Fleisch-, Wurzel- oder Gemüsebrühe zum Aufgießen
2 Handvoll frische Kräuter nach Wahl wie Dill, Petersilie, Kerbel, Majoran, Thymian, Estragon, Schnittlauch
4 EL Obers
2 EL Sauerrahm
Salz, Pfeffer

Fein gewürfelte Zwiebel in Butterschmalz glasig dünsten, Mehl zugeben und hellgelb anrösten. Brühe nach und nach unter kräftigem Rühren mit dem Schneebesen aufgießen. Klumpen vermeiden und die Soße 5 Minuten bei schwacher Hitze leicht köcheln lassen.

Kräuter kurz abbrausen, trocken schütteln, abzupfen oder fein schneiden. Dann die Hälfte der Kräuter in die Soße geben, kurz aufkochen lassen. Die zweite Hälfte der Kräuter, bis auf einen Rest zum Bestreuen, mit dem Obers und dem Sauerrahm kurz vor dem Servieren dazugeben, nicht mehr kochen lassen, mit Salz und Pfeffer abschmecken. Mit den restlichen frischen Kräutern bestreut servieren.

Diese Kräutersoße ist die angepasste Variante der grünen Klostersoße von 1859: »Grüne Soß!«

Zucchinisuppe

1 mittelgroße oder 2 kleinere Zucchini
2 EL Pflanzenöl oder Butter
1 kleine Zwiebel, fein gewürfelt
1 Knoblauchzehe
2 EL Mehl
500 ml Gemüse- oder Fleischbrühe
oder Wasser und 1 EL gekörnte Brühe
Salz, Pfeffer, Muskatnuss oder Ingwer
etwas Zitronensaft
200 ml Obers
2 EL Sauerrahm
1 EL Schnittlauch oder Petersilie

Zucchini waschen und mit Küchenpapier trocken reiben. Vor dem Schneiden einige dünne Streifen von der Schale längs dünn abhobeln oder schälen. Diese werden kurz vor dem Servieren in die Suppe gegeben. Zucchini längs halbieren oder vierteln, bei Bedarf die Kerne entfernen, dann in kleine Stücke schneiden.

Topf mit der Knoblauchzehe ausreiben. Fett darin erhitzen, die Zwiebelwürfel glasig dünsten, die Zucchinistücke dazugeben und mitrösten. Mit Mehl bestäuben, kurz hellgelb anlaufen lassen, dann die Brühe zugießen.

Suppe 15 Minuten leicht köcheln lassen. Obers zugeben. Mit dem Pürierstab kurz durchmixen, dann mit Salz, Pfeffer, frisch geriebener Muskatnuss und etwas Zitronensaft abschmecken.
Kurz vor dem Servieren den Sauerrahm, die gehobelten Zucchinistreifen und die frischen Kräuter unterziehen.

Überbackener Gemüseauflauf

800 g gemischtes Gemüse nach Jahreszeit, 3–4 Sorten
(Karotten, Bohnen, Paprika, Zucchini, Pilze, Erbsen)
Salzwasser oder Gemüsebrühe zum Kochen
1 Zwiebel
1 Knoblauchzehe
etwas Pflanzenöl

100 ml Obers
100 ml Sauerrahm
1–2 EL gehackte Kräuter nach Geschmack
Salz, Pfeffer, Muskatnuss
200 g geriebener Käse
Butter für die Form

Gemüse waschen, putzen, in mundgerechte Stücke schneiden. Zwiebel und Knoblauch fein würfeln, in etwas Öl anbraten, dann die vorbereiteten Gemüsesorten darin bei leichter Hitze bissfest anrösten oder andünsten. Alles in eine gefettete Auflaufform geben.

Obers mit Sauerrahm und den Kräutern gut verrühren und mit Salz, Pfeffer sowie Muskatnuss abschmecken und über das Gemüse gießen. Käse darüberstreuen und den Auflauf im vorgeheizten Backrohr bei 175 °C etwa 20 Minuten überbacken.

Dazu passen gut Rahmerdäpfel oder Polenta.

Stillleben mit Krauthäupl und Kupfergeschirr
E. K. Lautter; 1. H. 18. Jh.

GEMÜSE HISTORISCH

Eine französische Kräutersuppe

(Nr. 24 aus 18 Z 25, Leopoldine Windsberger, 1859)

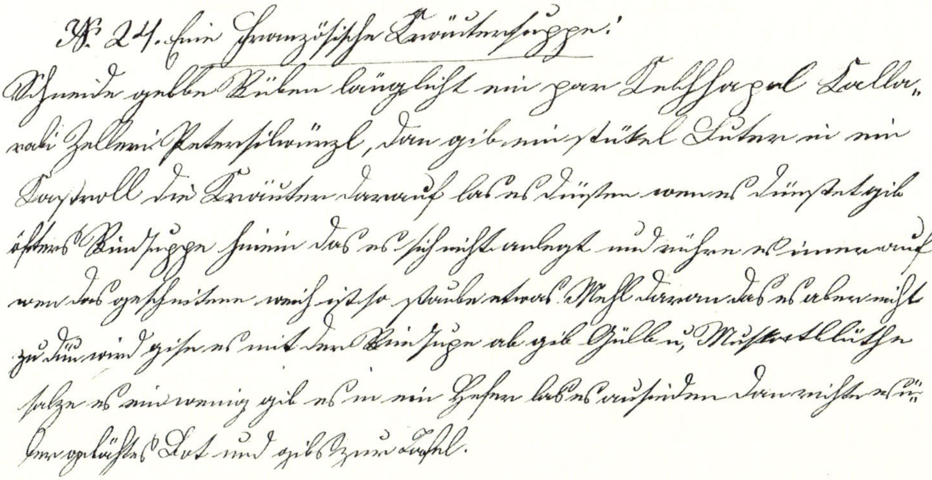

Schneide gelbe Rüben länglicht; ein paar Kelchhapel (Kohlhäupl), Kallarabi (Kohlrabi), Zellerie (Sellerie), Petersilwürzel; dann gib ein Stückl Butter in ein Kastroll (Kasserolle), die Kräuter darauf; laß es dünsten, wenn es dünstet, gib öfters Rindsuppe hinein; dass es sich nicht anlegt, und rühre es immer auf. Wenn das Geschnittene weich ist, so staube etwas Mehl daran, dass es aber nicht zu dünn wird. Gieße es mit der Rindsuppe ab, gib Gülb (Safran zum Gelbfärben) und Muskatblüte; salze es ein weinig, gib es in ein Hefer (Topf), laß es ausieden (aufsieden), dann richte es über gebähtes Brot und gib es zur Tafel.

Entsprechung: Gemüsesuppe nach Saison

Arbäs mueß zu machen

(Stiftsarchiv Seitenstetten, Koch Buech, De Anno 1640, fol.23v-24r)

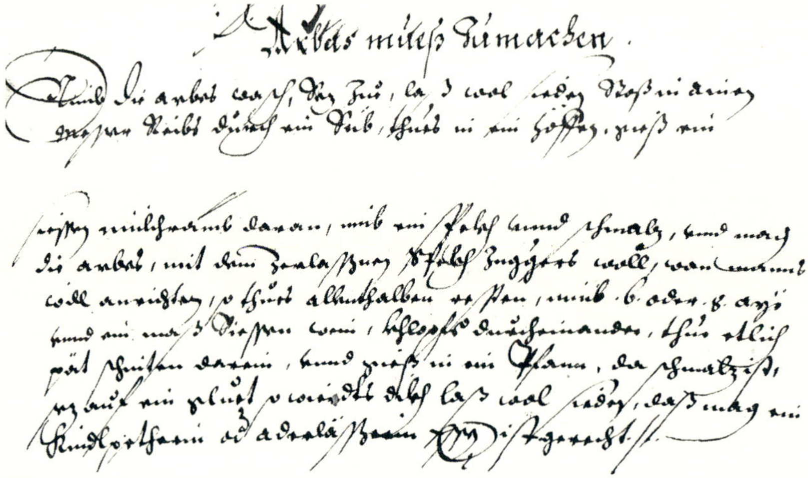

Nimb die arbes wasch, Sez zue, laß wol sieden Stoß in ainen meser Reibs durch ein Sieb, thues in ein Höffen. gieß ein siessen milchrämb daran, nimb ein spekh unnd schmalz, und mach die arbes, mit dem zerlaßnen Spekh Zuggers woll, wan manns will anrichten, so thues allenthalben resten, nimb .6. oder .8. ayr unnd ein maß Siessen wein, khlopfs durcheinander, thue etlich pät schniten darein, unnd gieß in ein Pfann, da schmalz ist, sez auf ein gluet so wierdts dikh laß wol sieden, daß mag ein Kindlpetherin oder aderläsßerin Essen ist gerecht.

Wie man ein Erbsenmus macht

Nimm die Erbsen, wasche sie, setze sie aufs Feuer und laß sie gut sieden. Dann zerstoße sie in einem Mörser, passiere sie durch ein Sieb und gib sie in einen Häfen (Topf). Hierauf gieß süßen Milchrahm daran, nimm Speck und Schmalz und bereite die Erbsen mit dem zerlassenen Speck zu. Dann zuckere alles gut. Wenn du es anrichten willst, so röste es gründlich. Darauf nimm 6 oder 8 Eier und ein Maß süßen Wein, sprudle es ab, gib auch einige gebähte Schnitten hinein und gieße es in eine Pfanne, in der Schmalz ist. Schließlich setze es auf eine Glut und lass es gut sieden. So wird es dick. Dieses Mus ist gut für eine Wöchnerin oder nach einem Aderlass.

Grüne Soß!

Grüne Klostersoße von 1859 (Nr. 118 aus 18 Z 25, Leopoldine Windsberger, 1859)

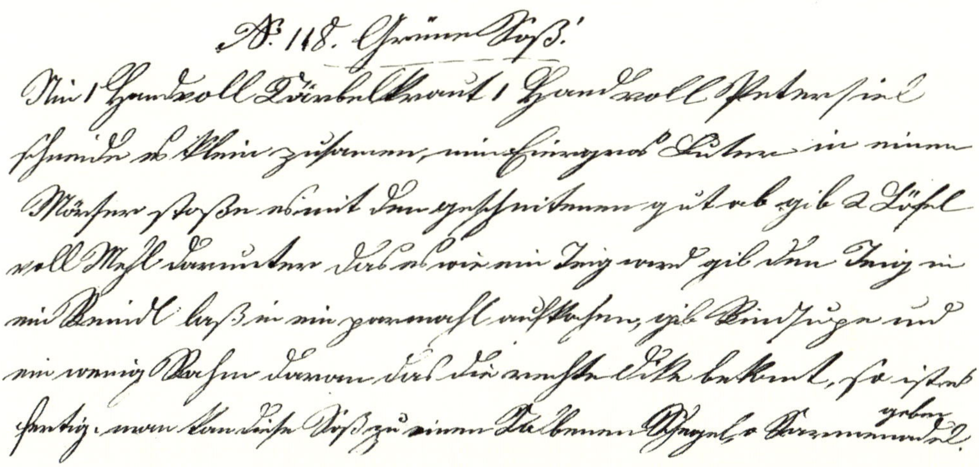

1 handvoll Kä(e)rbel
1 handvoll Petersilie
1 eigroß Butter
2 EL Mehl
(1 Liter) Rindsuppe
ein wenig Rahm

Nimm ein handvoll Kärbelkraut, eine Handvoll Petersil, schneide es klein zusammen, nimm Eiergroß Butter in einen Mörser, stoße es mit dem Geschnittenen gut ab, gib zwei Löffel voll Mehl darunter, dass es wie ein Teig wird, gib den Teig in ein Reindl, laß ihn ein paar mal aufkochen, gib Rindsuppe und ein wenig Rahm dazu, dass (es) die rechte Dicke bekommt; so ist es fertig; man kann diese Soß zu einem kalbernen Schlegel (Schlögel) o(der) Karmenadel geben.
Eine ähnliche Kräutersoße kann auch mit heller Einbrenne hergestellt werden.

Kräutersuppe

(Nr. 18 aus 18 Z 25, Leopoldine Windsberger, 1859)

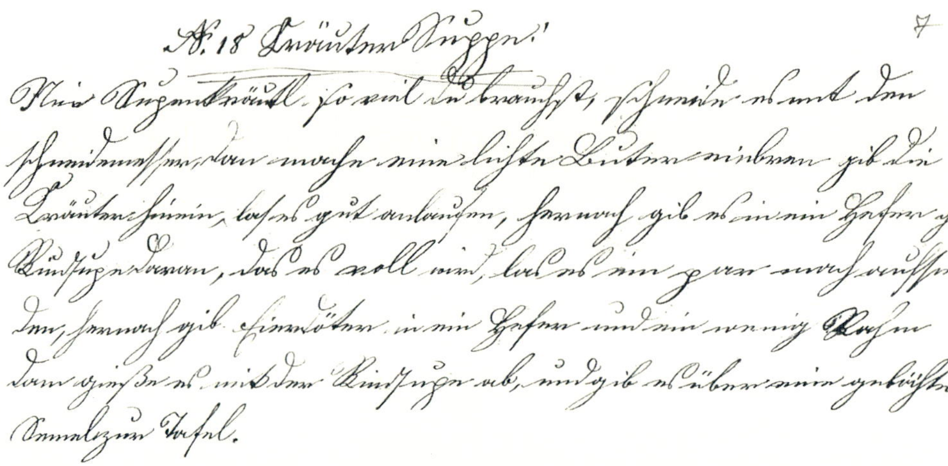

Nimm Suppenkräutl, soviel du brauchst, Schneide es mit dem Schneidemesser. Dann mache eine lichte Buttereinbrenn, gib die Kräuter hinein, laß es gut anlaufen, hernach gib es in ein Hafer (Häfen, Topf), gib Rindsuppe daran, daß es voll wird, laß es ein paar Mach (Mal) aufsieden, harnach gib Eiadöter in ein Hefer (Kochtopf) und ein wenig Rahm. Dann gieße es mit der Rindsuppe ab und gib es über eine gebähte Semmel zur Tafel.
Die Rahm-Kräutersuppe (Seite 118) kommt den Ernährungsgewohnheiten besser entgegen.

Rahmkren

(Nr. 109 aus 18 Z 25, Leopoldine Windsberger, 1859)

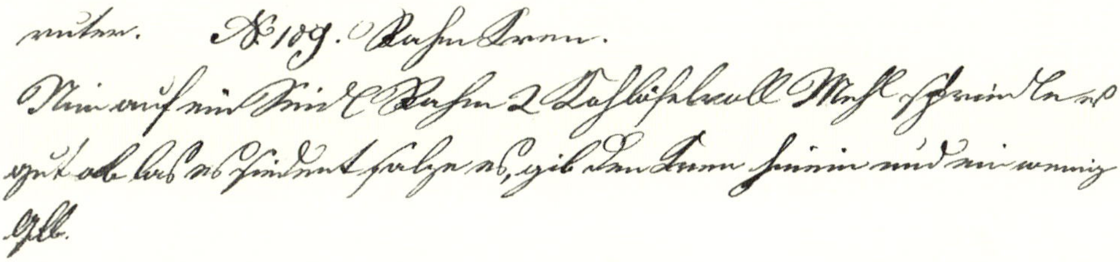
N° 109. Rahm Kren.

Nimm auf ein Seidel (1/3 Liter) Rahm zwei Kochlöffel voll Mehl, spriedle (sprudle) es gut ab, laß es siedend, salze es, gib den Kren hinein und ein wenig Gilb (Safran?).

Stillleben mit Weintrauben, Pfirsichen, Äpfeln
Leopold Friess, 1915

OBST- UND MEHLSPEISEN

Apfeltorte »Hofgarten«

16 kleine oder 12 mittelgroße, aromatische, reife Äpfel
etwas Zitronensaft
300 g Mehl
1 Prise Salz
1 TL Backpulver
1 Ei
125 g Zucker
1 P. Vanillezucker
125 g Butter
etwas Most, Mineralwasser oder Wein nach Bedarf
2 EL Marillenmarmelade
Walnusskerne nach Belieben
Fett für die Form
Staubzucker zum Bestreuen

Mehl mit Salz und Backpulver vermischt auf die Arbeitsfläche geben, in die Mitte eine Vertiefung eindrücken. Ei, Zucker und Vanillezucker hineingeben und mit etwas Mehl vermengen. Butter in Flöckchen dazugeben. Alle Zutaten rasch zu einem glatten Teig verkneten. Teig zugedeckt oder in eine Frischhaltefolie gewickelt etwa 30 Minuten kühl ruhen lassen.
Äpfel schälen, ganz lassen, nur das Kerngehäuse ausstechen und die Standfläche gerade schneiden. Damit die Äpfel schön hell bleiben, sollten sie mit etwas Zitronensaft beträufelt werden.
Zwei Drittel des Teiges etwas größer als die Tortenform ausrollen, er soll in der

Form auch den Rand bilden. Teigplatte in die gefettete Tortenform geben, Rand bei Bedarf nachformen. Äpfel nebeneinander auf den Teigboden setzen, an der Oberfläche mit Marillenmarmelade dünn bestreichen. Nach Belieben eine oder zwei Walnusskernhälften in die ausgestochenen Kerngehäuse stecken. Den restlichen Teig als Deckblatt ausrollen, über die Äpfel legen. Deckblatt mit dem Rand verbinden, leicht andrücken, und einige Male mit einer Gabel in die Teigoberfläche einstechen.

Apfeltorte bei 175 °C etwa 40 Minuten backen. Vor dem Servieren mit Staubzucker bestäuben.

Bauernkrapfen

1 kg glattes Mehl
2 P. Germ oder Trockengerm (Hefe)
1 Löffelspitze Salz
50 g Feinkristallzucker
½ l Milch
70 g Butter
6 Eidotter
1 Stamperl Schnaps
1 Stamperl Rum
Backfett

Mehl, Germ, Salz und Zucker in die Rührschüssel geben und vermischen. Milch erwärmen, Butter in der warmen Milch zerlassen. Die Dotter in der nicht zu warmen Flüssigkeit versprudeln und Schnaps und Rum zugeben. Unter die Mehlmischung mengen und alles gut zu einem glatten Germteig verrühren.

Teig in einen Weidling (Schüssel) geben und zugedeckt an einem warmen Ort mindestens 30 Minuten rasten lassen, bis er sichtlich aufgegangen ist. Danach den Teig mit einem Kochlöffel ausschlagen, bis er Blasen wirft. Nochmals zugedeckt warm gehen lassen. Krapfen formen, diese nochmals gehen lassen, dann in heißem Fett schwimmend backen.

Echter Blätterteig

Strudelteig:
500 g Mehl
1 Prise Salz
4 Eidotter
1/8 l Wein
1 Stamperl Schnaps
1 Stamperl Essig

Butterziegel:
500 g Butter
150 g Mehl

Für den Strudelteig Mehl sieben, mit Salz auf die Arbeitsfläche geben, Eidotter mit Wein, Schnaps und Essig verquirlen und in die Mehlgrube gießen. Mit einer Gabel etwas Mehl einmengen und alles rasch zu einem geschmeidigen, glatten Teig verkneten. Anschließend den Teig zugedeckt kalt stellen.
Für den Butterziegel kalte Butter kleinblättrig in das gesiebte Mehl einschneiden und rasch mit kalten Händen zusammenkneten, zu einem rechteckigen Ziegel formen.

Strudelteig mit möglichst wenig Mehl zu einem Rechteck auswellen, so groß, dass der Butterziegel von allen Seiten darin eingeschlagen werden

kann. Teig gut andrücken. Das Teigstück in zwei Richtungen bis zu einer Größe von ca. 30 x 60 cm ausrollen, von vorne nach hinten und von links nach rechts. Enden der Teigplatte zur Mitte einschlagen, das Ganze in der Mitte zusammenklappen, sodass 4 Schichten übereinander liegen. Teigstück kalt stellen, dann den Vorgang des Ausrollens und Zusammenschlagens noch zwei- bis dreimal wiederholen. Nach jeder Tour den Teig wiederum ca. 30 Minuten kalt stellen. Möglichst wenig Mehl einarbeiten! Den fertigen Blätterteig vor dem weiteren Verarbeiten zugedeckt gut durchkühlen.

Dieser echte Blätterteig eignet sich gut für Schaumrollen, Strudel, gefüllte Tascherl, Obsttörtchen oder Pastetchen.

Erdbeerknödel

20 große, feste Erdbeeren

250 g Topfen (Quark)
200 g Mehl
70 g weiche Butter
2 Eier
1 Prise Salz

Brösel zum Wenden:
150 g Butter
100–150 g Brösel
50 g Zucker

Staubzucker nach Belieben

Topfen mit Mehl, sehr weicher Butter, Eiern und Salz rasch zu einem glatten Teig verarbeiten, dann kühl ruhen lassen.
Teig zu einer Rolle formen und Scheiben abschneiden oder Teig ausrollen und in Quadrate schneiden. Erdbeeren darin dünn einhüllen, zu Knödeln nachformen. Obstknödel in leicht siedendem Salzwasser garen, dann abtropfen lassen und in der vorbereiteten Bröselmasse wälzen.
Für die Bröselmasse Butter in einer großen Pfanne schmelzen, Brösel mit Zucker vermengt darin hell anrösten.
Die fertigen Erdbeerknödel mit Bröseln und Staubzucker bestreut zu Tisch bringen.

Die Knödel können freilich auch mit Marillen oder Zwetschken gefüllt werden.

Marillen oder Zwetschken können entkernt und mit einem Stück Würfelzucker gefüllt werden, die Knödel werden dann allerdings sehr süß. Fruchtig-säuerlicher schmecken sie mit Kern, der beim Zerteilen der Knödel sehr leicht zu entfernen ist.

Tipp: Erdbeerknödel lassen sich ungekocht gut einfrieren und sind so auch im Winter ein begehrtes Dessert!

Erdbeertopfen mit Rosenduft

250 g Topfen
½ P. Bourbon-Vanillezucker
oder echte Vanille aus ½ Vanilleschote
1–2 EL Blütenhonig
1 Stamperl Rosenblütenlikör
¼ l Obers
250 g Erdbeeren
einige schöne Erdbeeren und Rosenblätter zum Dekorieren

Topfen mit Vanillezucker oder Vanille aus der Schote, Honig und Rosenblütenlikör verrühren. Erdbeeren säubern, entstielen und in kleine Stücke schneiden, dann unter die Topfenmasse mengen. Obers steif schlagen und vorsichtig unterheben. Topfenspeise mit Erdbeeren und Rosenblättern verzieren.

Hollerröster

1 l reife Holunderbeeren
10 Zwetschken
1–2 Birnen oder Äpfel
1 Zimtstange
100 g Zucker (mehr oder weniger, nach Belieben)
2–3 kleine Tassen Wasser
½ P. Vanillepuddingpulver
etwas abgeriebene Zitronenschale nach Belieben

Holunderbeeren, Zwetschken, Äpfel oder Birnen waschen.
Holunderbeeren abrebeln, Zwetschken entsteinen und halbieren oder vierteln, Äpfel und Birnen schälen, achteln, Kernhaus entfernen. Obst mit Zimtstange, Zucker und Wasser aufkochen, dann zugedeckt bei schwacher Hitze etwa 20 Minuten gar ziehen lassen.
Vanillepuddingpulver mit etwas Wasser anrühren, Zimtstange entfernen. Das angerührte Puddingpulver unter den Hollerröster rühren, nochmals kurz aufkochen lassen und nach Belieben mit etwas frisch abgeriebener Zitronenschale abschmecken. Der Hollerröster kann warm oder kalt serviert werden.
Der Geschmack des Hollerrösters hängt vom Aroma der verwendeten Früchte ab, deshalb reifes Obst verwenden!

Grießkoch

100 g Butter
170 g Grieß
1 l Milch
3–4 EL Zucker
1 TL Salz

Butter in einem Topf erhitzen, Grieß einstreuen und unter ständigem Rühren gut anrösten. Milch in einem weiteren Topf zum Kochen bringen, Zucker und Salz dazugeben. Dann die kochende Milch zum Grieß geben, unter Rühren aufkochen lassen, bis eine breiige Masse entsteht. Grießmasse ins heiße Rohr geben und überbacken, bis eine hellbraune Kruste entsteht. Nach Belieben vor dem Überbacken mit Butterflöckchen belegen.

Grießkoch wurde in der Kindheit von Abt Berthold auf dem heimatlichen Bergbauernhof hoch über Ybbsitz gerne zu Holler- oder Zwetschkenröster gegessen.

Hollersirup

10–12 schöne Hollerblüten
1 l Wasser
2 unbehandelte Zitronen
1 kg Zucker
10 g Zitronensäure

Hollerblüten genau verlesen, damit kleine Insekten entfernt werden. Nur bei Bedarf waschen und trockenschütteln. Zitronen in Scheiben schneiden, mit den Hollerblüten in eine hohe Schüssel geben, Wasser aufgießen und 24 Stunden bei Zimmertemperatur zugedeckt ziehen lassen.

Ansatz durch ein feines Sieb in eine Schüssel abgießen und Zucker einrühren. Zuckerlösung einen weiteren Tag stehen lassen, immer wieder umrühren, bis sich der Zucker gelöst hat und eine sirupähnliche Beschaffenheit zu erkennen ist.
Die Zitronensäure dazugeben und in Flaschen oder Gläser mit Schraubverschluss abfüllen.

Wenn man den Sirup länger haltbar machen möchte oder auf die Zugabe von Zitronensäure verzichten oder sie reduzieren möchte, muss der Sirup wie Obstsaft bei 85 Grad 15 Minuten »eingekocht« werden.

Hollersirup eignet sich hervorragend zum Mischen mit Mineralwasser oder Sekt.

Hollerstrauben

(Holunderblüten in Backteig)

12 schöne Holunderblüten

Backteig:
150 g Mehl
1 Prise Salz
¼ l Milch
(Nach Belieben kann die Milch durch Most, Weißwein oder Bier ersetzt werden.)
3 Eier, getrennt
Backfett oder Öl zum Backen
Staubzucker zum Bestreuen

Mehl sieben, mit Salz in eine Rührschüssel geben und mit Milch oder Most, Weißwein oder Bier zu einem glatten, dickflüssigen Teig verrühren. Die Eigelbe untermengen, zuletzt den steif geschlagenen Eischnee unterheben.
Holunderblüten in den Backteig tauchen, etwas abtropfen lassen, dann sofort im heißen Fett knusprig hellbraun backen. Auf Küchenpapier kurz abtropfen lassen, dann mit Staubzucker bestreut sofort servieren.

Kleine Apfelstrudel

(10 Stück)

250 g Mehl
1 Ei
2 EL Öl
1 EL Zucker
1 Prise Salz
etwas Mineralwasser nach Bedarf

1 kg Äpfel
2 EL Zucker
1 P. Bourbonvanillezucker
1 Prise Zimt

1 Becher Sauerrahm
3 EL Butter
½ Becher Obers
1 EL Zucker

Mehl auf die Arbeitsfläche sieben, in die Mitte eine Vertiefung eindrücken, Ei, Öl, Zucker, Salz und Mineralwasser nach Bedarf dazugeben und alles zu einem glatten Strudelteig verarbeiten. Teig zugedeckt ruhen lassen.

Für die Fülle die Äpfel schälen, in feine Scheiben schneiden und mit Zucker, Vanillezucker und Zimt vermengen.

Sauerrahm mit Butter in einem kleinen Topf leicht erwärmen und verrühren.

Den Strudelteig durchkneten, in 10 Teile teilen, diese jeweils sehr dünn zu runden Teigplatten ausrollen. Der Teig sollte fast durchsichtig sein.

Teigplatten mit etwa der Hälfte der Sauerrahm-Butter-Masse dünn bestreichen, dann die Apfelfülle gleichmäßig darauf verteilen, die Ränder frei lassen. Ränder einschlagen und Teigplatten zu kleinen Strudeln zusammenrollen. Mit dem Teigrand nach unten in eine sehr gut gefettete Auflaufform oder Bratreine setzen, nicht zu eng nebeneinander.

Strudel bei 175 °C etwa 20 Minuten backen. Die restliche Sauerrahm-Butter-Masse mit Obers und Zucker verrühren und die Apfelstrudel damit satt bestreichen. In weiteren 10 Minuten hellgelb backen.

Most-Apfel-Rolle

(Most-Apfel-Schlangel)

300 g Mehl
6 EL Most
1 Prise Salz
250 g Margarine oder Butter
1 verquirltes Ei zum Bestreichen

ca. 500 g Äpfel
2 EL Zucker
1 TL Zimt
Rosinen nach Belieben

Mehl auf die Arbeitsfläche geben, in die Mitte eine Vertiefung eindrücken, Most und Salz hinein geben, Fett in Flöckchen auf den Rand geben und alle Zutaten rasch zu einem Mürbteig verarbeiten. Teig etwa 30 Minuten kühl ruhen lassen, dann zu einem Rechteck ausrollen. Teig auf Backpapier legen, Ränder mit etwas verquirltem Ei bestreichen.

Äpfel für die Fülle in dünne Scheibchen schneiden, mit Zucker und Zimt und nach Belieben mit Rosinen vermischen.

Apfelfülle längs in die Mitte der ausgerollten Teigfläche häufen. Auch die Ränder an den Schmalseiten frei lassen. Eine lange Teigseite über die Apfelfülle klappen, an der Oberseite des Randes wieder mit etwas Ei bestreichen, dann die zweite Teighälfte darauf klappen und etwas andrücken. Die Schmalseiten einschlagen. Die Teigoberfläche mehrmals mit einer Gabel einstechen oder kleine Schlitze einschneiden. Apfelrolle mit dem restlichen Ei bestreichen, mit dem Backpapier auf ein Backblech ziehen und bei 175 °C etwa 35 Minuten backen.

Mostschober

6 Eier
200 g Zucker
180 g Brösel

zum Tränken:
1 l Most
300 ml Wasser
2–3 EL Zucker
etwas Zimt- und Nelkenpulver
etwas Zitronensaft

Eier trennen, Eigelb mit Zucker sehr schaumig rühren, Eiklar zu steifem Schnee schlagen. Eischnee und Brösel unter die Eimasse heben. Masse in gut gefettete Förmchen füllen und bei 170 °C etwa 12 bis 15 Minuten bei Ober- und Unterhitze hell backen.

Most mit Wasser, Zucker, Gewürzen und Zitronensaft aufkochen und abschmecken, dann gut abkühlen lassen.

Die Flüssigkeit in Schalen füllen und die Mostschober hineinsetzen, damit sie sich damit ansaugen können.

Diese im Mostviertel traditionelle Nachspeise wird vor allem im Sommer gut gekühlt serviert.

Panama-Torte

(neue Version der historischen Torte)

6 Eier, getrennt
140 g Zucker
1 P. Vanillezucker
1 Prise Salz
140 g Zartbitterschokolade, gerieben
140 g Mandeln oder Nüsse, gemahlen

Fülle:
400 ml Obers
100 g Vollmilchschokolade
100 g Zartbitterschokolade
Kakaopulver zum Besieben

Eiklar von 6 Eiern zu steifem Schnee schlagen.
Eigelbe mit Zucker, Vanillezucker und Salz sehr schaumig rühren. Geriebene Schokolade und gemahlene Mandeln oder Nüsse untermengen, Eischnee vorsichtig unterheben.
Teig in eine gut gefettete und gebröselte Tortenform geben und bei 175 °C etwa 40 Minuten backen. Sollte die Oberfläche zu stark bräunen, Torte mit Backpapier abdecken.
Für die Fülle Vollmilch- und Zartbitterschokolade in kleine Stücke brechen und mit dem Obers aufkochen und schmelzen lassen. Die gut verrührte Schokoladenmasse über Nacht gut kühlen. Am nächsten Tag mit dem elektrischen Rührgerät kurz schaumig aufschlagen.
Die abgekühlte Torte einmal durchschneiden und mit der Hälfte der Schokoladencreme füllen. Oberseite und Rand der Torte mit dem Rest der Creme bestreichen und mit Kakaopulver besieben.
(Das historische Originalrezept finden Sie auf Seite 174.)

Schifferl

(Schüffel)

600 g Mehl
2 Eier
200 ml Rahm
1 Prise Salz
1 EL Zucker
1 EL zerlassene Butter
1 cl Rum

Mehl auf die Arbeitsfläche sieben, in die Mitte eine Vertiefung eindrücken. Eier, Rahm, Salz, Zucker, Butter und Rum hineingeben und alles rasch zu einem glatten Teig verarbeiten. Teig sehr dünn ausrollen und in Rauten schneiden.

In einer Pfanne in reichlich heißem Öl schwimmend backen, dann wenden und fertig backen. Auf Küchenpapier abtropfen lassen. Vor dem Servieren mit Staubzucker besieben.

Schoko-Birnen-Torte

125 g weiche Butter
125 g Zucker
1 P. Vanillezucker
1 Prise Salz
3 Eier
250 g Mehl
½ P. Backpulver
30 g Kakao
50 g Schokolade, fein geraspelt
ca. ⅛ l Rotwein
6–8 reife Birnen, je nach Größe
nach Belieben etwas Marillenmarmelade oder Quittengelee zum Bestreichen

Butter mit Zucker, Vanillezucker, Salz und Eiern schaumig rühren. Mehl mit Backpulver und Kakao mischen, sieben und zur Schaummasse geben. Schokoladenraspel untermengen, Rotwein nach Bedarf zugeben.

Teig in eine gut gefettete Tortenform füllen. Birnen schälen, halbieren und das Kernhaus entfernen. Birnenhälften mit der Schnittfläche nach unten auf den Teig legen. Große Birnen können mit einem scharfen Messer an der Oberfläche längs eingeritzt werden zum besseren Garen.

Die Birnentorte im vorgeheizten Backrohr bei 175 °C etwa 40 Minuten backen. Die Tortenoberfläche noch heiß nach Belieben mit etwas Marillenmarmelade oder Quittengelee bestreichen.

Seitenstettner Torte

(neue Version der historischen Torte)

250 g Butter
350 g Zucker
6 Eier, getrennt
Saft und Schale einer Zitrone
150 ml Obers
etwas Zimt
500 g Mehl
1 P. Backpulver
große Speiseoblaten
Ribiselmarmelade (Johannisbeermarmelade)

Zerlassene, abgekühlte Butter mit Zucker und Eigelben sehr schaumig schlagen. Den Zitronensaft und die abgeriebene Zitronenschale sowie Zimt und Obers dazugeben. Die 6 Eiklar (mit einer Prise Salz) zu steifem Schnee schlagen. Mehl mit Backpulver mischen und nach und nach mit dem Eischnee unter die Schaummasse heben.
Die Hälfte des Teiges in eine gefettete Tortenform füllen. Die Oblaten in der Größe auf die Tortenform zuschneiden, dann auf den Teig legen. Ribiselmarmelade verrühren und auf die Oblaten streichen. Den restlichen Teig einfüllen und die Torte bei 175 °C Umluft 25 Minuten, dann bei 160 °C weitere 25 bis 30 Minuten backen. (Garprobe mit einem Hölzchen machen!) Torte nach Belieben mit Zitronenzuckerguss und kandierten Kirschen verzieren.
Im Originalrezept wird die Torte mit »Busserl« geziert, es kann aber nicht mehr festgestellt werden, welche »Busserl« dabei gemeint sind.
(Das historische Originalrezept finden Sie auf Seite 178.)

Topfenstrudel mit Blätterteig

1 Platte Blätterteig ca. 30 x 40 cm
500 g Topfen
60 g zerlassene Butter
100 g Zucker
2 P. Vanillezucker
2 Eier
1 P. Vanillepuddingpulver
etwas Milch zum Anrühren
nach Belieben etwas Obst (Mandarinenspalten oder eingemachte Marillen) zum Belegen

Blätterteig in eine mit kaltem Wasser ausgespülte Auflaufform legen. Die hochstehenden Ränder werden nach dem Füllen umgeklappt.

Topfen mit der zerlassenen, abgekühlten Butter, Zucker, Vanillezucker und Eiern gut verrühren. Vanillepuddingpulver mit etwas Milch anrühren, zur Topfenmasse geben und gut damit vermengen. Topfenfülle auf dem Blätterteigboden verteilen, dann die Ränder knapp nach innen klappen. Topfenmasse nach Belieben mit etwas Obst belegen.

Den Topfenstrudel im vorgeheizten Rohr bei 175 °C etwa 35 Minuten backen. Vor dem Servieren mit Staubzucker bestreuen. Am besten schmeckt der Strudel lauwarm.

Topfen-Apfel-Schnitten

Rührteig:
250 g Butter, zerlassen
200 g Zucker
1 P. Vanillezucker
1 Prise Salz
6 Eidotter
6 EL Rahm
1 EL Zitronensaft
250 g Mehl
6 Eischnee, steif geschlagen
½ P. Backpulver

Topfenmasse:
130 g weiche Butter
170 g Zucker
2 P. Vanillezucker
3 Eidotter
500 g Topfen
3 Eischnee, steif geschlagen

Apfelmasse:
1 kg fein geschnittene Äpfel
2 EL Zucker
1 TL Zimt

Zerlassene, abgekühlte Butter mit Zucker, Vanillezucker, Salz und Eidottern sehr schaumig rühren. Den Rahm und den Zitronensaft dazugeben, Mehl mit Backpulver vermischt untermengen. Zuletzt den Eischnee unterheben. Teig auf ein gut gefettetes oder mit Backpapier belegtes Blech füllen.

Für die Topfenmasse Butter mit Zucker, Vanillezucker und Eidotter sehr schaumig rühren, Topfen untermengen, dann den steif geschlagenen Eischnee unterheben. Topfenmasse auf dem Rührteig verteilen.
Die klein geschnittenen Äpfel mit Zucker und Zimt vermischen und auf der Topfenmasse verteilen.
Kuchen bei 170 °C etwa 35 Minuten backen. Um zu starke Bräunung der Äpfel zu verhindern, gegebenenfalls mit Backpapier etwas abdecken.

Nach dem Abkühlen in Schnitten teilen und nach Belieben mit Staubzucker besieben.

Tried

Trockene Semmeln vom Vortag
Most
Zucker
Zimt

Semmeln in Scheiben schneiden und auf eine tiefe Platte legen. Most mit etwas Zucker und Zimt nach Geschmack zum Kochen bringen, dann noch heiß über die aufgeschnittenen Semmelscheiben gießen. Erkalten lassen und gut gekühlt servieren.

Das Tried war in der Kinder- und Jugendzeit von Abt Mag. Berthold Heigl OSB eine traditionelle Zuspeise zu Schnitzeln an Festtagen in seinem Elternhaus bei Ybbsitz.

Walnuss-Schnitten

500 g Walnusskerne
5 Eier
120 g Zucker
1 P. Vanillezucker
1 Prise Salz
240 g Mehl
½ P. Backpulver

Walnusskerne ganz bzw. hälftig lassen, sorgfältig verlesen, damit keine Nussschalen den Genuss mindern!

Die ganzen Eier mit Zucker, Vanillezucker und Salz mit dem elektrischen Rührgerät sehr cremig schlagen. Mehl mit Backpulver vermischen und kurz unterrühren. Die Walnüsse mit einem Kochlöffel sorgfältig untermengen. Der Teig bedeckt die Nüsse nur knapp.

Backpapier zu zwei länglichen Formen falten, die das Backblech ausfüllen und in schmale Hälften teilen. Jeweils die Hälfte der Nussmasse einfüllen und glatt streichen.

Im vorgeheizten Ofen bei 150 °C etwa 20 Minuten backen. Der Teig sollte nicht mehr kleben, wenn man mit dem Finger hineindrückt. Die gebackenen Teige mit dem Backpapier vom Blech nehmen, sofort in 1 cm dicke Schnitten schneiden und diese nochmals für etwa 10 Minuten bei 120 °C in den Ofen geben. Am besten verteilt man die Schnitten dann auf zwei Bleche, damit sie gut rösten können. Die Walnuss-Schnitten sollen goldgelb bis hellbraun bleiben.

Abgekühlt in Dosen verpackt halten die Schnitten über Wochen.

Zimtbuchteln mit Marillen- oder Zwetschkenfülle

ca. ¼ l Milch
50 g weiche Butter
50 g Zucker
½ P. Vanillezucker
1 Prise Salz
500 g Mehl
40 g Germ
1 Ei oder 2 Eigelb
etwas geriebene Zitronenschale

je nach Größe ca. 18–24 entsteinte und nach Belieben mit einem Stück Würfelzucker gefüllte Marillen oder Zwetschken

Fett für die Form
Zimt-Zucker-Mischung zum Bestreuen

Germteig einfach mit dem Handrührgerät oder mit der Küchenmaschine, jeweils mit Verwendung des Knethakens, herstellen:

Lauwarme Milch, weiche Butter, Zucker, Vanillezucker, Salz und Mehl in eine hohe Rührschüssel geben. Germ fein daraufbröseln, Ei oder Eidotter dazugeben, ebenso die Zitronenschale. Alle Zutaten mit dem Knethaken zuerst langsam, dann bei höherer Geschwindigkeit gut verrühren, bis der Teig eine gleichmäßige Beschaffenheit hat.

Germteig mit einem Tuch abgedeckt warm gehen lassen, bis sich die Menge verdoppelt hat. Teig nochmals mit dem Knethaken kurz durcharbeiten, so verfeinert sich die Struktur.

Vom Teig gut walnussgroße Stücke abstechen, mit den Händen leicht ausziehen und mit Marillen oder Zwetschken füllen. Teigränder zusammenschlagen und Buchteln formen. Werden die Fingerspitzen dabei in etwas weiche Butter oder Pflanzenöl getaucht, bleibt der Germteig nicht kleben und die Buchteln werden beim Backen in der Form sehr saftig.

Backform oder hohes Backblech sehr gut fetten und mit etwas Zimt-Zucker bestreuen. Buchteln nicht zu eng hineinsetzen und nochmals zugedeckt warm gehen lassen. Wenn sie ihr Volumen deutlich vergrößert haben, bei 175 °C im Backrohr etwa 20 Minuten backen. Noch heiß mit dem restlichen Zimt-Zucker bestreuen.

Zwetschkenfleck mit Germteig

(Zwetschgenkuchen mit Hefeteig)

1/8 l lauwarme Milch
50 g weiche Butter oder Pflanzenöl
1 Prise Salz
40 g Zucker
250 g Mehl
etwas geriebene Zitronenschale
20 g Germ (Hefe)
1 Ei
1 kg Zwetschken
Zimt-Zucker zum Bestreuen nach Belieben

Lauwarme Milch, Fett, Salz, Zucker und Mehl in die Rührschüssel geben. Zitronenschale zugeben, Germ darüberbröseln und Ei zugeben. Alle Zutaten zuerst vorsichtig mit dem Knethaken des Rührgeräts vermengen, dann bei größerer Rührgeschwindigkeit so lange verkneten, bis der Teig gleichmäßige Beschaffenheit zeigt. Germteig zugedeckt warm gehen lassen, bis sich das Volumen verdoppelt hat. Teig nochmals mit dem Rührgerät durchkneten, dann in eine gut gefettete Form (Springform oder Backblech) füllen.

Zwetschken entkernen, aufschneiden und leicht aufrecht schuppenförmig auf dem Teig verteilen. Mittlerweile geht der Teig nochmals. Bei 175 °C im Backrohr etwa 35 Minuten backen. Zwetschken eventuell zeitweise mit Backpapier abdecken, um zu starke Bräunung zu vermeiden.

Nach Belieben noch heiß mit einer Mischung aus Zimt, Zucker und Vanillezucker bestreuen.

Stillleben mit Äpfeln, Birnen und roten Weintrauben
Martino Altomonte, 1742

OBST- UND MEHLSPEISEN HISTORISCH

Kirschkuchen, sehr gut

(Nr. 477 aus 18 Z 25, Leopoldine Windsberger, 1859)

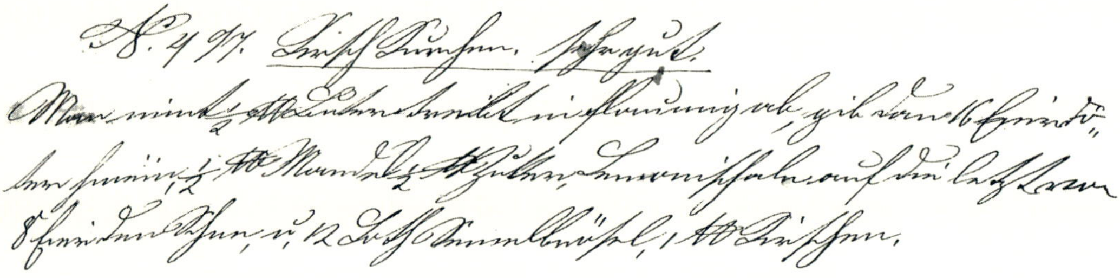

Man nimmt ½ Pfund Butter, treibt ihn flaumig ab; gib dann 16 Eierdötter hinein, ½ Pfund Mandel, ½ Pfund Zucker, Lemonischalen, auf die Letzt (zum Schluss) von 8 Eiern den Schnee und 12 Lot Semmelbrösel, 1 Pfund Kirschen.

Marbe Krapfen

(Stiftarchiv Steitenstetten, Koch Buech, De Anno 1640, fol. 17r)

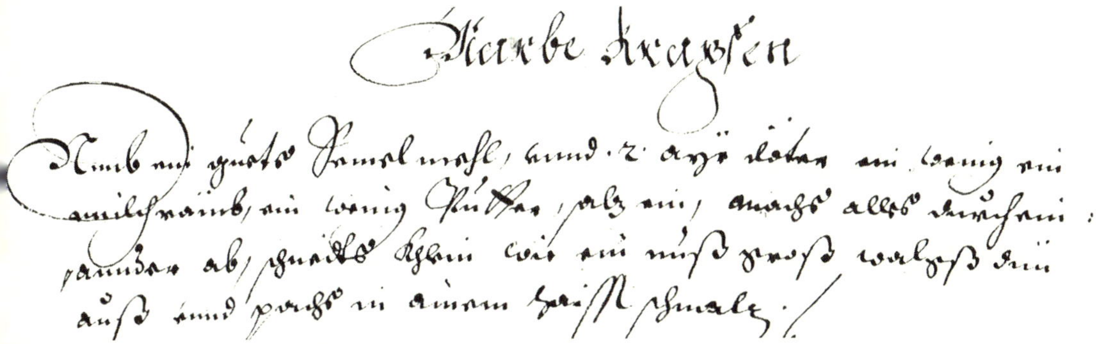

Nimb ein guets Semelmehl, unnd .2. ayrdöter ein wenig ein milchrämb, ein wenig Putter, salz ein, machs alles durcheinannder ab, schneidts Khlein wie ein nuß groß walgß dün auß unnd pachs in ainem haiss schmalz.

Mürbe Krapfen

Nimm gutes Semmelmehl (Weizenmehl), zwei Eidotter, ein wenig Milchrahm und ein wenig Butter. Dann salze es und rühre alles durcheinander, schneide es etwa zu Nussgröße klein, walke es dünn aus und backe es in heißem Schmalz.

Panama Torte

(aus: Kochheft Rosa Schmutz 1928, 18 Z 31)

14 dkg Zucker mit 7 Dotter ½ Stunde rühren, 2 ½ Rippen Schokolade gerieben, 14 dkg Mandel oder Haselnüße, 7 Clar Schnee. Langsam backen. Die Torte 2 mal durchschneiden u. mit folgender Crem zusammensetzen.
14 dkg Butter mit 14 dkg Vaniliezucker, 2 Eier, 1 ½ Rippen erweichte Schokolade solange rühren bis es sehr zart ist u. sich schön streichen läßt.

Punsch zu machen

(Nr. 478 aus 18 Z 25, Leopoldine Windsberger, 1859)

Man reibt ½ Pfund Zucker mit 7 Lemoni ab, dann gibt man auch den Saft dazu, auch von Pomeranzen (Orangen) den Saft und Schalen; Man siedet dieses in Wasser mit dem Zucker eine halbe Stunde,wo man 1 Maß Wasser nimmt. Dann gießt man ½ Lot The (Tee) ab, laßt ihn ein wenig stehen und gibt ½ Seitel Rum drein oder darnach (soviel man) man haben will.

Pomeranzen-Blütenauflauf

(Nr. 638 aus 18 Z 25, Leopoldine Windsberger, 1859)

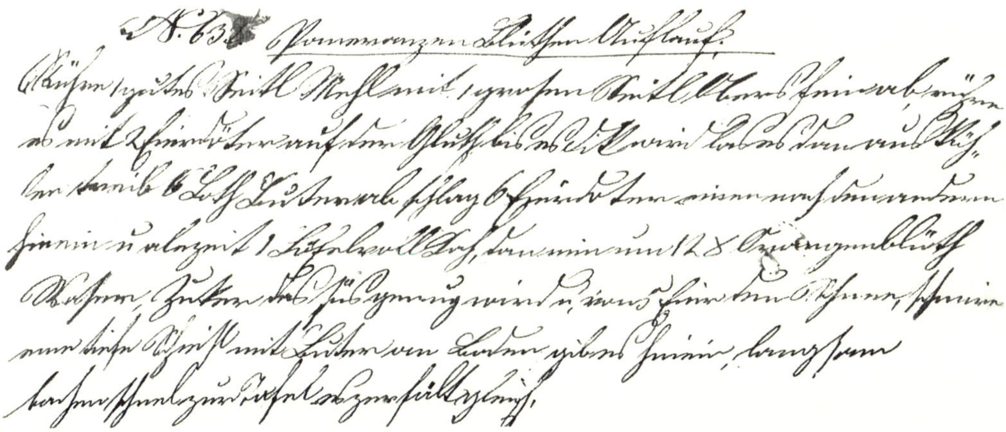

Rühre ein gutes Seitel Mehl mit einem großen Seitel Obers fein ab, rühre es mit 2 Eierdötter auf der Glut, bis es dick wird, laß es dann auskühlen; treib 6 Lot Butter ab. Schlag 6 Eierdotter, einen nach dem anderen hinein und allezeit (jedes Mal) ein Löffel voll Koch (der vorbereiteten Masse aus Mehl, Obers und Eidottern); dann nimm um 12 Kreuzer Orangenblüt, Wasser, Zucker, daß es genug wird, und von 5 Eiern den Schnee, Schmiere eine tiefe Schüssel mit Butter am Boden, gib es hinein, langsam backen, schnell zur Tafel; Es zerfällt gleich.

Rahmstrudel

(Nr. 321 aus 18 Z 25, Leopoldine Windsberger, 1859)

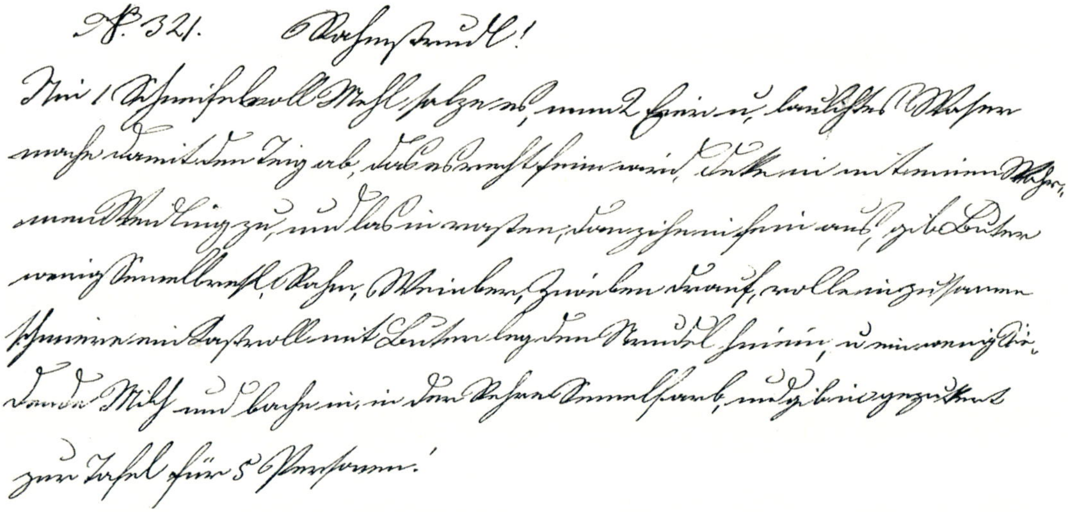
N.° 321. Rahmstrudel!

Nimm ein Schneifel (Schäufelchen) voll Mehl, salze es, nimm 2 Eier und laulichtes (lauwarmes) Wasser, mache damit den Teig ab, daß es recht fein wird; decke ihn mit einem warmen Weitling (Schüssel) zu und laß ihn rasten; dann ziehe ihn fein aus, gib Butter, wenig Semmelbrösel, Rahm, Weinbeeren, Zibeben (Rosinen) darauf, rolle ihn zusammen; schmiere ein Kastroll (Kasserolle) mit Butter, leg den Strudel hinein und ein wenig siedende Milch und backe ihn in er Rehre (Röhre) semmelfarb (goldgelb), und gib ihn gezuckert zur Tafel für 5 Personen.

Ribiselkuchen

(Nr. 476 aus 18 Z 25, Leopoldine Windsberger, 1859)

Treib ¼ Pfund Butter ab, schlag 6 Eierdötter nach und nach hinein, nach jedem Dotter einen Löffel voll Semmelbrösel, ¼ Pfund Zucker, Zimt, Lemonischalen, den Schnee von 6 Eiern, gib gerebelte (abgezupfte) Ribisel (Johannisbeeren) hinein, rühre es suptil (vorsichtig) drunter, schmiere ein Blattl (Tortenform) mit Butter, bestreu es (den eingefüllten Teig) mit Ribisel und backe es langsam im Ofen.

Pomeranzentorten

(Nr. 737 aus 18 Z 25, Leopoldine Windsberger, 1859)

Man reibt ein halbes Pfund Zucker mit 2 Pomeranzen (Orangen) gut ab und stößt ihn recht fein, stößt ein halbes Pfund geschwelte (eingeweichte) Mandel mit Pomeranzensaft angefeuchtet fein, dann gibt man den Zucker und Mandel, den übrigen Saft von 2 Pomeranzen, schlägt 20 Eierdotter hinein und rührt es 1 Stunde; dann verrührt man leicht von 5 Eier den festen Schnee, etwas fein geschnittenes Zitronat und Lemonischalen, schmiert 1 Tortenblattl (Tortenform) mit zerlassenem Butter, füllt das Gerührte hinein, und backt die Torte langsam.

Seitenstettner Torte

Kochheft mit alten Seitenstettner-Rezepten
(Kochheft Rosa Schmutz, geb. Fraunbaum, Archiv 18 Z 31)

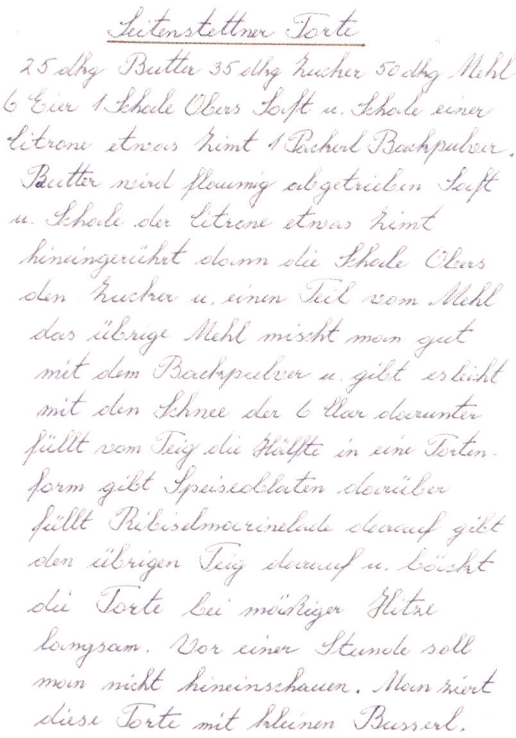
Seitenstettner Torte
25 dkg Butter 35 dkg Zucker 50 dkg Mehl
6 Eier 1 Schale Obers Saft u. Schale einer
Citrone etwas Zimt 1 Packerl Backpulver.
Butter wird flaumig abgetrieben Saft
u. Schale der Citrone etwas Zimt
hineingerührt dann die Schale Obers
den Zucker u. einen Teil vom Mehl
das übrige Mehl mischt man gut
mit dem Backpulver u. gibt es leicht
mit den Schnee der 6 Clar darunter
füllt vom Teig die Hälfte in eine Torten-
form gibt Speiseoblaten darüber
füllt Ribiselmarmelade darauf gibt
den übrigen Teig darauf u. bäckt
die Torte bei mäßiger Hitze
langsam. Vor einer Stunde soll
man nicht hineinschauen. Man ziert
diese Torte mit kleinen Busserl.

25 dkg Butter 35 dkg Zucker 50 dkg Mehl 6 Eier 1 Schale Obers Saft u. Schale einer Citrone etwas Zimt 1 Packerl Backpulver. Butter wird flaumig abgetrieben Saft u. Schale der Zitrone etwas Zimt hineingerührt dann die Schale Obers den Zucker u. einen Teil vom Mehl das übrige Mehl mischt man gut mit dem Backpulver und gibt es leicht mit dem Schnee der 6 Clar darunter füllt vom Teig die Hälfte in eine Tortenform gibt Speiseoblaten darüber füllt Ribiselmarmelade darauf gibt den übrigen Teig darauf u. bäckt die Torte bei mäßiger Hitze langsam.
Vor einer Stunde soll man nicht hineinschauen. Man ziert diese Torte mit kleinen Busserl.

Weichselkuchen

(Nr. 471 aus 18 Z 25, Leopoldine Windsberger, 1859)

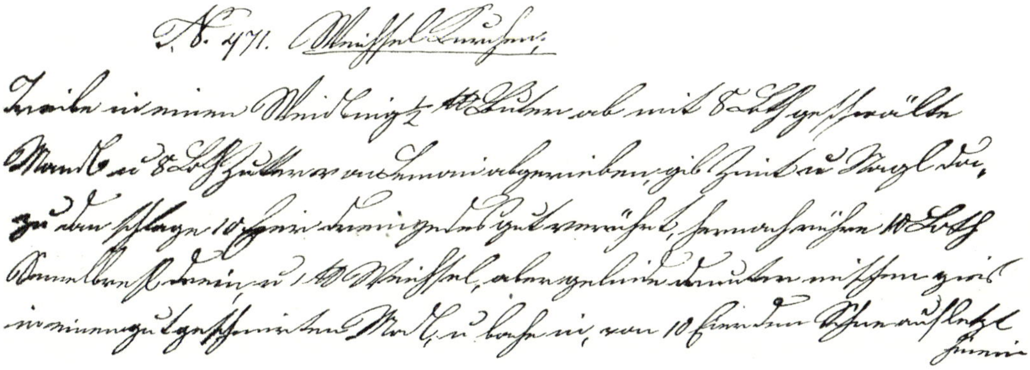

Treibe in einem Weitling (Schüssel) ein halbes Pfund (1 Pfund = 56 dkg) Butter ab, mit 8 Lot (1 Lot = 1,75 dkg, = 17,5 g) geschwälte (eingeweichte, geriebene) Mandel und 8 Lot Zucker an Lemoni abgerieben, gib Zimt und Nagel dazu; dann schlage 10 Eier drein, jedes gut verrührt; hernach rühre 10 Lot Semmelbrösel drein und ein Pfund Weichsel, aber gelinde drunter mischen; gies (es) in einen gut geschmierten Model, und backe ihn; von 10 Eiern den Schnee auf letzt (zum Schluss) hinein.

Weixel Khnödl zu machen

(Stiftsarchiv Seitenstetten, Koch Buech, De Anno 1640, fol. 3r)

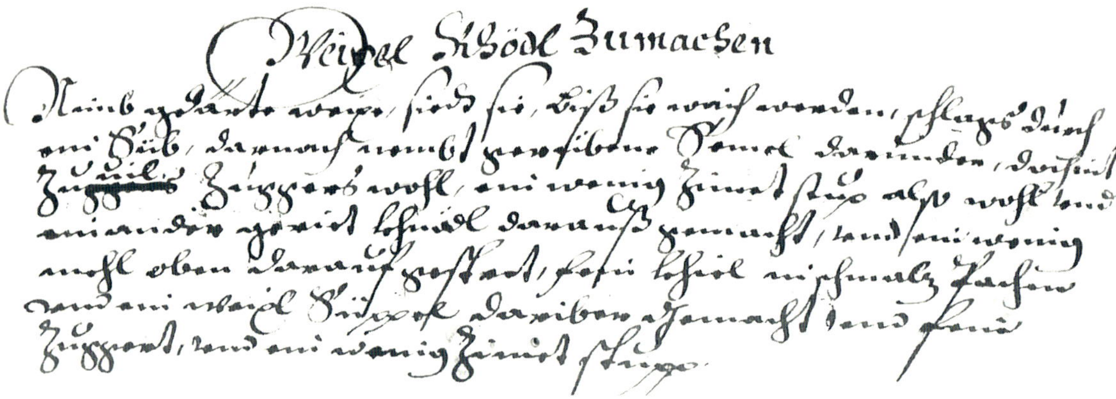

Nimb gedärte weixel, sied sie, Biß sie weich werden, schlags durch ein Süb, darnach nembt gerübene Semel darunder, doch nit zuvil, zuggers wohl, ein wenig Zimetstup als wohl under einander gerirt khnödl darauß gemacht, und ein wenig mehl oben darauf gestret, fein khiel in schmalz Pachen und ein weixl Süppel dariber Gemacht und fein zuggert, und ein wenig Zimet stupp.

Wie man Weichselknödel macht

Nimm gedörrte Weichseln, siede sie, bis sie weich werden, schlag sie durch ein Sieb, hierauf mische geriebene Semmeln darunter, doch nicht zuviel, zuckere alles gut und gib auch noch ein einig Zimtstaub hinzu, rühre alles gut durcheinander, mache daraus Knödel, streue ein wenig Mehl oben darauf, backe alles in Schmalz sorgsam auf gelindem Feuer, mach dazu noch ein Weichselsüppchen, zuckere auch dieses sorgsam und würze es mit etwas Zimtstaub.

Zwetschkenpäfesen

(Nr. 320 aus 18 Z 25, Leopoldine Windsberger, 1859)

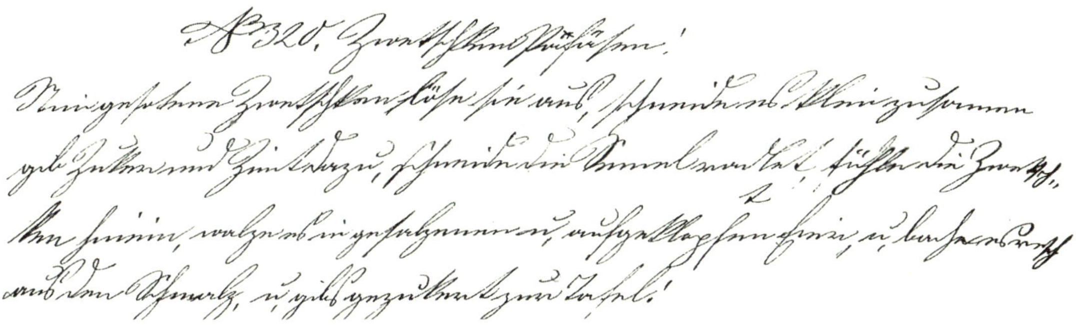

Nimm gesottene Zwetschken, löse sie aus, schneide es klein zusammen, gib Zucker und Zimt dazu.
Schneide die Semmel radlet (in Scheiben) fülle die Zwetschken hinein, walze es in gesalzenem und aufgeklopften Eiern und bache (backe) es rasch aus dem Schmalz und gibs gezuckert zur Tafel!

Sauschädel, Geflügel, Krebse, Eierachtel,
Zitronen, Weinglas, Hefezopf
Anonym; 1. H. 17. JH.

ANHANG

Bildnachweise

Kunstsammlung
Benediktinerstift Seitenstetten
Kustos Mag.art. Martin Mayrhofer

Stillleben mit Äpfeln, Birnen
und roten Weintrauben
Martino Altomonte, 1742
Öl auf Leinwand, 32,5 × 42 cm

Stillleben mit Weintrauben, Pfirsichen, Äpfeln
Leopold Friess
50 × 70 cm

Stillleben mit Feigen und Weintrauben
Martino Altomonte
Alto.f.1742
Öl auf Leinwand , 32,5 × 42 cm

Stillleben mit Krauthäupl und Kupfergeschirr
E. K. Lautter
1. H. 18. Jh.
Öl auf Leinwand, 42,5 × 56 cm

Küchenstillleben mit Schweinskopf,
toten Vögeln (Rebhuhn, Trappen)
und zwei Körben mit Früchten und Gemüse
Anonym
Öl auf Leinwand, 45 × 73 cm

Stillleben Austern, Zitronen,
Rosen und Trauben
Jakob van Es (1596–1666) sign.
Öl auf Leinwand, 54 × 83 cm

Stillleben mit Petersilie und Kupfergeschirr
E. K. Lautter
1. H. 18. Jh.
Öl auf Leinwand, 42 × 55 cm

Blumenstück mit Fasan
auf Postament und Früchten
Franz Werner Tamm (1658–1724)
Öl auf Leinwand, 145 × 180 cm

Sauschädel, Geflügel, Krebse, Eierachtel,
Zitronen, Weinglas, Hefezopf
Anonym
Öl auf Leinwand, 88 × 106 cm
1. H. 17. JH.

Wildkarpfen, Geflügel, Birnen, Äpfel, Trauben
Anonym
1. H. 17. Jh.
Öl auf Leinwand, 88 × 106 cm

Danksagung

Es gebührt vielen Menschen Dank, die direkt oder indirekt zum Gelingen dieses Buches beigetragen haben. Die benediktinische Aufgeschlossenheit und das freundliche, verständnisvolle Entgegenkommen im gesamten Stift, im Konvent, an der Pforte, in der Verwaltung, in der Küche, im Garten, im Klosterladen, im Gastbereich, im Kunstdepot, im Atelier, auch in der Krankenstation, im Gymnasium, in der Bibliothek und im Archiv, haben das Arbeiten daran über Monate und Jahre erleichtert und befruchtet.

Herzlichen Dank dem Konvent: P.Prior Michael Prinz, P.Pius Zöttl, P.Raphael Schörghuber, P. Gregor Ortner, P. Ulrich Adl, P. Vinzenz Maria Kinast, P. Wolfgang Streicher, P. Wichmann Lambert Freudenschuß, P. Leopold Steininger, P. Ägid Ritt, P. Theodor Greindl, P. Leo Heimberger, P. Severin Ritt, P. Gerhard Ellinger, P. Franz Hörmann, P. Stefan Gruber, P. Laurentius Resch, Frater Josef Rockenschaub, P. Altmann Waß, P. Petrus Pilsinger, P. Jacobus Tisch, Frater Udiskalk Thallinger, P. Gottfried Karl Datzberger, P. Georg Haumer, P. Hieronymus Garger, Frater Florian Ehebruster, P. Clemens-Maria Stiedl, P. Dominik Riegler, Frater Matthäus Kern, Frater Vitus Weichselbaumer.

Herzlichen Dank für die gute Zusammenarbeit dem Gast- und Küchenmeister Frater Andreas Tüchler, dem Küchenteam (Monika Baureder, Anna Maria Fischer, Gernot Höfler, Eva Labner), dem Gartenteam (Roswitha Aschauer, Brigitte Bauer, Romana Dorfer, Bernadette Haberfehlner, Wolfgang Leitner, Ernestine Lichtenschopf, Thomas Mayrhofer, Andrea Stejskal), dem Serviceteam (Anna Elisabeth Frühwirth, Theresia Stixenberger, Regina Zögernitz), dem Büro- und Verwaltungsteam (Manuela Grenzlehner, Luise Pfaffenbichler, Elfriede Reitbauer, Josef Steinbichler), Rosa Leitner vom Klosterladen und Andreas Peyrl.

Herzlicher Dank sei auch Familie Franz, Ingrid und Rosina Heigl, Rosa Lorenz, Josefa und Katharina Blöser, Dr. Karl-Heinz Huber, Anna Bauer sowie Franz, Dominik, Benedikt und Severin Hofmann für ihre Unterstützung ausgesprochen. Besonderer Dank gilt Dr. Pater Benedikt Wagner, der mit seinen Nachforschungen in Archiv und Bibliothek die Grundlagen für die historischen Bezüge geschaffen und durch akribische Übersetzung der Rezepte einen wesentlichen Beitrag für die Besonderheit des Buches, den Einblick in die Stiftsküche über Jahrhunderte, geleistet hat sowie Mag.art. Pater Martin Mayrhofer, der als Kustos der Kunstsammlung des Stiftes Seitenstetten die herrlichen Stillleben ausgesucht und zur Verfügung gestellt hat und Frater Albert Bürscher für das Digitalisieren der Schätze aus dem Stiftsarchiv.

Hervorragende Unterstützung wurde uns durch Herrn Prok. Dr. Johannes Sachslehner und sein Team von der Verlagsgruppe Styria GmbH & CoKG zuteil, wofür herzlich gedankt sei.

Abt Mag. Berthold Heigl OSB
Irmengard M. Hofmann

Rezeptregister

Impressum

ISBN 978-3-85431-519-3

Wien · Graz · Klagenfurt
www.ichlese.at

Buchgestaltung: Emanuel Mauthe
Reproduktion: Pixelstorm, Wien
Druck und Bindung: Druckerei Theiss GmbH, St. Stefan im Lavanttal